Allegria

Die Autorin

Louise L. Hay (1926–2017) begann ihre Arbeit, als sie bei der Selbstheilung ihrer eigenen Krebserkrankung erfuhr, welche Bedeutung eine positive Lebenseinstellung für den Heilungsprozess haben kann. Ihre ersten Bücher stellten in den achtziger Jahren eine Revolution für das Selbstverständnis von Aids- und anderen Schwerstkranken dar. Seitdem hat sie mit ihrer Methode der positiven Selbstbeeinflussung mehr als 50 Millionen Menschen in über 30 Ländern der Welt geholfen. Um ihr Werk ist mit Hay House ein eigener Verlag entstanden, der heute in den USA zu den wichtigsten Vorreitern alternativer Gesundheitslehren und eines neuen humanen Umgangs mit menschlichen Problemen gehört. Ihr Name wurde zum Synonym für die Aktivierung von Selbstheilungskräften zur Unterstützung jeder ärztlichen Therapie.

Von Louise L. Hay sind in unserem Hause bereits erschienen:

Balance für Körper und Seele · Das große Buch für Körper und Seele · Das Leben lieben · Die innere Ruhe finden, mit John Taylor · *Du bist dein Heiler · Finde Deine Lebenskraft · Gesundheit für Körper und Seele von A–Z · Gesund sein,* mit Mona Lisa Schulz · *Gesundheit für Körper und Seele,* Louise Hay · *Ist das Leben nicht wunderbar!,* mit Cheryl Richardson · *Liebe statt Angst · Meditation für Körper und Seele · Vertraue dem Leben! · Vom Glück des Alters · Wahre Kraft kommt von Innen · Du kannst es!* (Kartendeck) · *Ist das Leben nicht wunderbar* (Kalenderaufsteller)

LOUISE HAY
DAVID KESSLER

Heile dein Herz

Wege zur Liebe und Kraft bei Trennung, Verlust und Abschied

Aus dem Amerikanischen übersetzt
von Thomas Görden

Ullstein

Besuchen Sie uns im Internet:
www.ullstein.de

Wir verpflichten uns zu Nachhaltigkeit
- Klimaneutrales Produkt
- Papiere aus nachhaltiger
  Waldwirtschaft und anderen
  kontrollierten Quellen
- ullstein.de/nachhaltigkeit

Allegria im Ullstein Taschenbuch

Neuausgabe im Ullstein Taschenbuch
Ullstein Taschenbuch ist ein Verlag der Ullstein Buchverlage
GmbH, Berlin.
1. Auflage März 2016
4. Auflage 2023
© für die deutsche Ausgabe by Ullstein Buchverlage GmbH,
Berlin 2014
© für die Originalausgabe YOU CAN HEAL YOUR HEART
by Louise Hay and David Kessler 2014
Umschlaggestaltung: Zero
nach einer Vorlage von Geviert – Büro für
Kommunikationsdesign, München, Conny Hepting
Titelabbildung: Shutterstock
Satz: Keller & Keller GbR
Gesetzt aus der Minion
Druck und Bindearbeiten: CPI books GmbH, Leck
ISBN 978-3-548-74631-9

Inhalt

Anmerkung der Autoren

Wir haben dieses Buch geschrieben, um zu ergründen, wie wir trauern, wenn wir einen Verlust erlitten haben. Das kann das Ende einer Beziehung, eine Scheidung oder der Tod eines geliebten Menschen sein. Trauer ist immer eine Herausforderung, doch oft verschlimmern wir den Schmerz durch unser Denken. Wir hoffen, dass dieses Buch Sie dazu inspiriert, Ihren Blickwinkel zu erweitern und Verlusterfahrungen mit Liebe und Verständnis zu begegnen. Unsere Absicht ist es, dass Sie Ihren Schmerz wirklich zulassen und fühlen, ohne in Sorge und Leid stecken zu bleiben.

Trauer ist keine Krankheit, die geheilt werden muss, sondern ein natürlicher Bestandteil des Lebens. Der Geist kennt keinen Verlust. Der Geist weiß, dass jede Geschichte einen Anfang und ein Ende hat, die Liebe aber ewig ist. Wir hoffen, dass die Worte auf diesen Seiten Ihnen auf Ihrer Reise Trost und Frieden schenken. Jedoch kann kein Buch professionelle Hilfe ersetzen. Scheuen Sie sich nicht, um Hilfe zu bitten, wenn Sie welche benötigen. Wir wünschen Ihnen ganz viel Liebe und Heilung.

Louise und David

Vorwort

von David Kessler

Fast mein ganzes Leben beschäftige ich mich mit der Thematik des Trauerns. Ich hatte das Glück, vier Bücher darüber schreiben zu können, darunter zwei mit der legendären Elisabeth Kübler-Ross, der berühmten Psychiaterin und Autorin des bahnbrechenden Werkes *Interviews mit Sterbenden*. Bei meinen Vorträgen werde ich immer wieder gefragt: »Hilft diese Trauerarbeit auch bei einer Scheidung?« Selbst auf Partys sprechen mich regelmäßig frischgebackene Singles an und fragen: »Können Sie mir helfen? Ich habe gerade eine Trennung hinter mir, und man sagt, dass Sie etwas von Trauerarbeit und Trennungsschmerz verstehen.«

Das führt mir immer wieder vor Augen, dass meine Arbeit sich auf das Ende von Beziehungen und Ehen ebenso anwenden lässt wie auf das Lebensende. Letztlich ist ein Verlust ein Verlust, und Trauer ist Trauer, egal wodurch sie ausgelöst wurde. Unzählige Male habe ich Menschen während einer Trennung oder nach einer zerbrochenen Ehe schlecht über sich selbst sprechen hören. Ich musste dann immer wieder an meine Freundin Louise Hay denken, Autorin des Weltbestsellers *Gesundheit für Körper und Seele*, die sagt: »Achte auf deine Gedanken.«

* * *

Anlässlich der Vorstellung meines Buches *Am Ende ist da nur Freude* wurde ich eingeladen, auf einer Hay-House-

Konferenz zu sprechen. Obwohl mein Buch in Louises Verlag erschienen war, hatte ich sie seit Jahren nicht gesehen und freute mich darauf, etwas Zeit mit ihr zu verbringen. Wir verabredeten uns nach meinem Vortrag zum Lunch.

Ein paar Minuten nach dem Beginn meines Vortrags bemerkte ich, dass im Publikum etwas vorging. Die Menschen tauschten Blicke und flüsterten miteinander. Ich hatte keine Ahnung, was los war, und sprach einfach weiter. Dann wurde mir klar: Louise hatte den Saal betreten und sich ins Publikum gesetzt. Auch wenn sie sich bemüht, nicht weiter aufzufallen, geht einfach diese besondere Energie und Ausstrahlung von ihr aus.

Beim Mittagessen tauschten wir Neuigkeiten aus und brachten uns gegenseitig auf den aktuellen Stand, was gemeinsame Freunde anging, dann sagte sie: »David, ich habe nachgedacht, und ich möchte, dass Sie bei mir sind, wenn ich sterbe.«

»Das wäre mir eine Ehre«, antwortete ich sofort. Da ich Experte für Sterben und Trauer bin, ist es für mich nicht ungewöhnlich, solche Bitten zu erhalten. Die meisten Menschen wollen nicht allein sterben. Sie möchten, dass bei ihrem Sterben jemand zugegen ist, der damit umzugehen versteht. Aus diesem Grund wurde ich von dem bekannten Schauspieler Anthony Perkins um Sterbebegleitung gebeten. Die Bestsellerautorin Marianne Williamson bat mich, bei ihr und ihrem Vater zu sein, als er starb. Und ich war anwesend, als meine Mentorin Elisabeth Kübler-Ross ihren letzten Atemzug tat.

Dann fragte ich: »Gibt es denn bezüglich Ihrer Gesundheit etwas, das ich wissen sollte?«

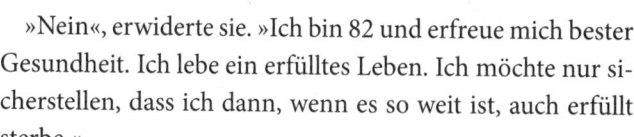

»Nein«, erwiderte sie. »Ich bin 82 und erfreue mich bester Gesundheit. Ich lebe ein erfülltes Leben. Ich möchte nur sicherstellen, dass ich dann, wenn es so weit ist, auch erfüllt sterbe.«

Das ist typisch Louise.

Während der Konferenz stellte sie den Dokumentarfilm *Doors Opening* vor, der von ihren berühmten Hayrides erzählt. Das waren wöchentliche Treffen, die Louise in den 1980er-Jahren für Aidskranke und ihre Angehörigen organisierte. Damals begegneten Louise und ich uns zum ersten Mal. In den seltenen Fällen, in denen Louise nicht zu einem der immer mittwochs stattfindenden Hayride-Treffen kommen konnte, sprang ich für sie ein. Das war jedes Mal eine bewegende Erfahrung!

Stellen Sie sich eine Versammlung von ungefähr 350, überwiegend männlichen, Personen mit Aids vor. Das waren die frühen Tage dieser Epidemie, als es noch keine Behandlungsmöglichkeiten gab. Diese Menschen suchten nach einem Weg, mit der Katastrophe fertigzuwerden, die über ihr Leben hereingebrochen war. Und mitten unter ihnen saß Louise, die das Ganze nicht als Katastrophe betrachtete, sondern als eine das Leben verändernde Chance. Während dieser Treffen ließ sie eine heilende Energie in dem Saal entstehen. Aber sie machte auch unmissverständlich klar, dass die Veranstaltung keine Mitleidsparty war – es gab keinen Raum dafür, sich in der Opferrolle zu verschanzen. Stattdessen wurde den Teilnehmern die Chance eröffnet, eine Heilung auf tieferer Ebene zu erfahren: eine Heilung der Seele.

Erinnerungen überfluteten mich, als ich mir diese inspirierenden, magischen Abende ins Gedächtnis rief. Nun, über

25 Jahre später, waren Louise und ich wieder gemeinsam in einem Raum und dachten über jene Tage und den enormen Einfluss nach, den sie auf unser Leben gehabt hatten.

Als nach Louises kurzem Einleitungsvortrag die Vorführung des Films begann, fasste sie mich bei der Hand, und wir gingen durch den Saal in Richtung Ausgang. Unser Plan war es, nach dem Ende des Films wieder auf die Bühne zu gehen für eine Frage-und-Antwort-Runde mit dem Publikum. Bevor wir die Tür erreichten, blieb Louise stehen.

»Oh, schauen Sie«, sagte Louise. »Da ist Tom auf der Leinwand zu sehen.« Tom war ein vor langer Zeit verstorbenes Hayride-Mitglied.

»Wie jung sie alle waren«, sagte ich.

»Lassen Sie uns ein wenig zuschauen«, flüsterte sie und zog mich in die hinterste Stuhlreihe.

Wir schauten uns den ganzen Dokumentarfilm an. Anschließend mussten wir etwas um Fassung ringen, ehe wir auf die Bühne gingen und die Fragerunde begann. »Was ist Krankheit?« »Wenn Gedanken uns heilen können, wieso nehmen wir dann überhaupt noch Medikamente?« »Warum sterben wir?« »Was *ist* der Tod?«

Jede Antwort, die Louise gab, vermittelte tiefe Einsichten und wertvolles Wissen über Krankheiten. Dann forderte sie mich mit einem Kopfnicken auf, meine Gedanken beizusteuern, als würde sie mir beim Tennis den Ball zuspielen. Die Fragerunde, die ursprünglich auf 10 Minuten angesetzt gewesen war, dauerte 45 Minuten und hätte vermutlich noch mehrere Stunden weitergehen können. Zum Abschluss verkündete Louise plötzlich stolz: »Oh, ich habe Vorsorge dafür getroffen, dass David Kessler bei mir sein wird, wenn ich sterbe.« Das Publikum applaudierte. Was ich für eine private Bitte gehalten hatte, teilte Louise nun der ganzen Welt mit. Das war ein Beispiel für Louises Kraft, Aufrichtigkeit und Offenheit.

An diesem Tag sagte Reid Tracy, der Verlagsleiter von Hay House, zu mir: »Louise und ich haben über eine Zusammenarbeit zwischen Ihnen beiden gesprochen. Sie teilen diese wertvollen gemeinsamen Erfahrungen und können viel Weisheit weitergeben. Wir glauben, dass Sie zusammen ein Buch schreiben sollten.« Ich konnte mir nur vorstellen, dass Louise Hay ihre Erkenntnisse zum Thema Heilung darlegen würde – darüber, wie wir im Licht dieser Erkenntnisse mit Verlusten umgehen sollten, ob es sich dabei um das Zerbrechen einer Beziehung, den Verlust eines geliebten Menschen, eines geliebten Haustieres oder eines geliebten Jobs handelt. Erneut kamen mir ihre weisen Worte in den Sinn: *Achte auf deine Gedanken.*

Wie würde es sein, wenn wir beide ein Buch schrieben, das Louises Affirmationen und ihr Wissen über die Selbstheilungskraft unserer Gedanken mit meiner jahrelangen Erfahrung kombinierte, die ich dabei gesammelt hatte, anderen beim Umgang mit Trauer und Verlust zu helfen?

Ich musste daran denken, wie vielen Menschen ein solches Buch helfen könnte. Ich dachte auch, wie wunderbar es sein würde, bei einem so wichtigen Thema eng mit Louise zusammenzuarbeiten. Es zeigte sich, dass diese Zusammenarbeit so nahtlos funktionierte wie unsere Frage-und-Antwort-Runde bei der Konferenz – wir steuerten unsere im Lauf der Jahre gesammelten Erfahrungen bei, die sich sehr gut ergänzten, und wir tauschten sehr fruchtbar unsere Gedanken zu verschiedenen Themen aus.*

Und so begann unsere gemeinsame Reise.

* Beachten Sie bitte, dass mit Ausnahme dieses Vorworts und des ersten Kapitels, wo ich den Beginn unseres gemeinsamen Schreibprojekts schildere, die Stimme in diesem Buch Louises und meine Perspektive miteinander verbindet.

Einleitung

Ein gebrochenes Herz ist auch ein offenes Herz. Immer wenn die gemeinsame Zeit mit einem geliebten Menschen endet, empfinden Sie Schmerz, wie die Umstände auch jeweils aussehen mögen. Das ist ganz natürlich. Der Schmerz, den wir fühlen, wenn wir einen Menschen verlieren, gehört zum Leben dazu. Er ist Teil unserer Reise. Doch Leiden muss nicht sein. Auch wenn es natürlich ist, sich nach dem Verlust eines geliebten Menschen ohnmächtig zu fühlen, gilt doch, dass Sie auch nach einer Trennung, einer Scheidung oder einem Todesfall weiterhin über die Fähigkeit verfügen, eine neue Realität zu erschaffen.

Damit wir uns nicht missverstehen: Wir bitten Sie, nach einem Verlust Ihr Denken zu ändern, aber nicht, um dem Schmerz oder der Trauer auszuweichen, sondern um durch sie hindurchzugehen. Wir möchten, dass Sie einen Punkt erreichen, an dem Sie sich an den geliebten Menschen ausschließlich liebevoll erinnern, nicht mit Schmerz und Bedauern. Selbst nach der schlimmsten Trennung, dem grausamsten Scheidungskrieg oder dem tragischsten Todesfall ist es möglich, zu dieser Liebe zu finden, auch wenn das häufig etwas Zeit braucht.

Das heißt nicht, dass Sie den Schmerz leugnen oder vor ihm davonlaufen. Stattdessen lassen Sie die Erfahrung des Schmerzes zu, und dann lassen Sie zu, dass sich ein neues Leben entfaltet – eines, in dem Sie die Liebe in den Mittelpunkt rücken, nicht die Sorge.

Und hier beginnt unsere wirkliche Arbeit. Es gibt drei Felder, auf die wir uns in diesem Buch konzentrieren werden:

1. Wir werden Ihnen helfen, Ihre Gefühle wirklich zu fühlen

Wenn Sie dieses Buch lesen, dann vermutlich, weil Ihnen ein schmerzhafter Verlust zu schaffen macht –, und das wollen wir Ihnen auf keinen Fall nehmen oder ausreden. Aber die Zeit, die Sie mit diesem Buch verbringen, kann ein wertvolles Fenster sein, nicht nur zur Heilung Ihres Schmerzes, sondern auch, um sich von ihm zu lösen, indem Sie Ihre Gefühle wirklich fühlen. Das große Problem besteht häufig darin, dass Sie versuchen, Ihre Gefühle beiseitezuschieben oder zu ignorieren. Sie beurteilen Ihre Gefühle kritisch – als falsch, als zu stark oder zu schwach. Sie schleppen eine Menge unterdrückter Emotionen mit sich herum, und besonders oft wird die Wut unterdrückt. Doch sie kann nur heilen, wenn sie gefühlt und losgelassen wird.

Wir sprechen hier nicht nur über die Wut, die im Zusammenhang mit dem Tod auftritt, sondern über Wut jeder Art. Elisabeth Kübler-Ross, die bekannte Sterbeforscherin, die das Konzept der fünf Phasen der Trauer entwickelte, vertrat die Auffassung, dass wir uns von Wut innerhalb weniger Minuten befreien können, wenn wir sie wirklich fühlen und durch uns hindurchfließen lassen. Sie sagte, dass jede Wut, die wir länger als 15 Minuten fühlen, alte Wut ist.

Natürlich ist Wut nur eine der Emotionen, die bei Verlusten auftreten. Wenn eine Beziehung endet, wenn es zu einer Scheidung kommt oder wenn gar ein geliebter Mensch stirbt, löst das in uns viele Gefühle aus. Sie wirklich zu fühlen und zuzulassen, ist der erste Schritt zur Heilung.

2. Alte Wunden anschauen

Ein erlittener Verlust ist immer auch ein Fenster zu alten Wunden, die Sie mit sich herumtragen. Ob es Ihnen gefällt oder nicht, Sie werden sich mit diesen alten Verletzungen auseinandersetzen müssen. Manche davon sind Ihnen möglicherweise gar nicht mehr bewusst. Wenn eine Beziehung zerbricht, denken Sie vielleicht: *Ich wusste, dass er mich verlassen wird.* Oder wenn ein geliebter Mensch stirbt: *Mir bleibt aber auch nichts erspart.* Dabei handelt es sich um negative Gedanken, die über den momentanen Verlust weit hinausgehen.

Gewiss ist es hilfreich, wenn Sie Zeiten der Trauer nutzen, um über die Vergangenheit nachzudenken – sie aber immer wieder zu durchleben, ist schmerzhaft und unproduktiv. Dazu neigen Sie aber zwangsläufig, wenn Sie sich mit der Vergangenheit beschäftigen, ohne nach Heilung zu streben.

Woher kommen die negativen Gedanken? Die Antwort lautet, dass Sie aus der Vergangenheit stammen und noch nicht durch Liebe geheilt wurden. Gemeinsam werden wir Licht auf diese alten Wunden und negativen Denkmuster werfen und mit Liebe und Mitgefühl den Heilungsprozess beginnen.

3. Verzerrtes Denken positiv verändern

Wenn Sie um einen Verlust trauern, wenden Sie dabei Ihr gegenwärtiges Denken an, das oft verzerrt ist. Was meinen wir damit? Oft sind Ihre Glaubenssätze gefärbt durch in der Kindheit erlittene Verletzungen und geformt aufgrund schmerzhafter Erfahrungen mit früheren zerbrochenen Beziehungen. Verzerrtes Denken geht häufig auf Ihre Eltern und andere Bezugspersonen zurück, die sich zwar nach Kräften bemühten, aber ihr eigenes, in der Kindheit erworbenes verzerrtes Denken mit sich herumtrugen. Aus alledem bildete sich Ihr gewohnheitsmäßiger innerer Dialog heraus, bei dem Sie immer wieder die gleichen Gedanken denken. Dieses alte Denken, dieses negative Selbstgespräch wenden Sie dann auf jede neue Verlusterfahrung an.

Aus diesem Grund führen wir so oft einen lieblosen und negativen inneren Dialog, wenn wir einen Menschen verloren haben, der uns viel bedeutete. Wir geben uns selbst die Schuld, ergehen uns in Selbstmitleid und glauben manchmal sogar, wir würden den Schmerz verdienen, den wir erleiden. Wie lässt sich dieser Teufelskreis durchbrechen? Lesen Sie, wie Sie mithilfe positiver Affirmationen Ihr verzerrtes Denken überwinden können.

Die Heilwirkung von Affirmationen

Affirmationen sind Aussagen, die einen positiven oder negativen Glaubenssatz bekräftigen. Wir werden Sie auf negative Affirmationen aufmerksam machen, die Sie möglicherweise benutzen, und Sie einladen, sanft und behutsam neue positive Affirmationen in Ihr Leben einzuführen. Zu denken bedeutet immer, etwas zu affirmieren – also zu bejahen. Aber wenn Ihr Denken verzerrt ist, neigen Sie leider dazu, ständig negative Affirmationen zu wiederholen.

In diesem Buch werden wir Ihnen zeigen, wie Sie auf liebevolle Weise Ihre Trauer durch positive Affirmationen heilen können. Diese positiven Aussagen werden sich wahrscheinlich zunächst unwahr anfühlen. Öffnen Sie sich trotzdem für sie. Vielleicht befürchten Sie, wir wollten Ihnen Ihre Trauer nehmen oder sie kleinreden, aber nichts wäre weiter von der Wahrheit entfernt. Ihre Trauer zu fühlen und zuzulassen, ist Ihr gutes Recht, aber mithilfe von positiven Affirmationen können Sie das Leiden überwinden. Außerdem heilen Sie damit einige Ihrer alten und negativen Denkmuster. Ihre negativen Affirmationen sind unwahr, und doch bereitet es Ihnen keine Schwierigkeiten, sie zu fühlen. Viele Menschen wiederholen unbewusst ständig negative Affirmationen, und in Zeiten der Trauer behandeln sie sich selbst sehr schlecht. Eines der wichtigsten Ziele dieses Buches ist es, dass Sie für sich einen Weg finden, Ihr ständig wiederkehrendes negatives Denken zum Besseren zu verändern.

Wenn Sie die positiven Affirmationen in den folgenden Kapiteln lesen, sollten Sie sie auf Ihr eigenes Leben anwenden. Wenden Sie sie auf Ihre Denkmuster an – auf Ihre Glaubenssätze, Ihre Weltsicht. Nutzen Sie sie, um sich von einengendem, negativem Denken zu befreien.

Manche Affirmationen können bewirken, dass alte Wunden aus der Vergangenheit aufgelöst werden, was Ihnen helfen wird, die akuten Wunden besser zu verarbeiten, sodass eine wirkliche Heilung geschehen kann.

Nach Verlusten das Leben erneuern

Bestimmt wissen Sie, wie man eine Beziehung beendet. Sie wissen, wie man eine Ehe beendet. Sie wissen vielleicht auch, wie es ist, wenn ein geliebter Mensch stirbt. Aber wissen Sie, wie man eine Beziehung oder eine Ehe auf erfüllende Weise abschließt? Wissen Sie, wie man auf erfüllende Weise von einem Leben Abschied nimmt? Das ist ein weiterer Aspekt, den wir Ihnen auf dieser gemeinsamen Reise vermitteln möchten. Unser Leben geht auch nach schmerzhaften Verlusten weiter, und nach einer solchen Erfahrung lassen sich darin ganz neue Geschenke entdecken.

Das mögen neue Gedanken für Sie sein, aber die Wahrheit ist nun einmal, dass nicht alle Beziehungen von Dauer sind. Manche werden einen Monat dauern, andere ein Jahr, manche ein Jahrzehnt. Zwangsläufig werden Sie leiden, wenn Sie glauben, die Ein-Jahres-Beziehung hätte fünf Jahre dauern müssen. Sie leiden, weil Sie denken, die Zehn-Jahres-Beziehung hätte 25 Jahre dauern müssen. So ist es auch mit Ehen. Können Sie sich eine Ehe auch dann als Erfolg denken, wenn sie mit einer Scheidung endet? Nun, das ist durchaus möglich. Für die Erfahrung, die Sie und Ihr Ehepartner machen mussten, kann es sogar ideal sein.

Selbst für das Lebensende gibt es einen Rhythmus. Natürlich ist es traurig, weil Sie gerne mehr Zeit mit dem geliebten Menschen verbringen möchten – das ist ganz natürlich. Aber für ein erfülltes Leben gibt es nur zwei unabdingbare Zutaten: einen Geburtstag und einen Todestag. Mehr nicht. Wir alle treffen mitten im Film hier ein und verlassen die Szenerie auch wieder mitten im Film. Natürlich möchten wir dem geliebten Menschen, der von uns gegangen ist, verbunden bleiben; wir möchten ihn in guter Erinnerung behalten … und mit der Zeit wird es uns gelingen, den Schmerz hinter uns zu lassen.

Im 1. Kapitel werden wir zunächst einmal untersuchen, wie wir bezüglich der Verluste in unserem Leben denken. Wie denken Sie über Trennungen und Ehescheidungen? Wie denken Sie über den Tod eines geliebten Menschen? Indem wir Sie durch diese Fragen führen, werden wir Ihr Denken im Hinblick auf Verluste verändern.

Im 2. Kapitel befassen wir uns mit Beziehungen. Vielleicht lesen Sie dieses Buch, während Ihre aktuelle Beziehung zerbricht. Vielleicht machen Sie gerade eine Scheidung durch oder haben einen nahen Angehörigen verloren. Wie Ihre augenblickliche Situation auch aussehen mag, wir empfehlen Ihnen, dieses Kapitel auf jeden Fall zu lesen, denn jede Ehe und jede Scheidung hat damit begonnen, dass zwei Menschen eine Beziehung eingingen. Auch jedem Tod ging eine Beziehung voraus.

Das 3. Kapitel geht speziell auf den mit einer Scheidung einhergehenden Schmerz ein. Und im 4. Kapitel beschäftigen wir uns mit der Trauer beim Tod eines geliebten Menschen. So, wie wir Ihnen empfohlen haben, in jedem Fall das Kapitel über Beziehungen zu lesen, raten wir auch dazu, unbedingt das Kapitel über den Tod zu lesen, denn jeder Bruch in einer Beziehung und jede Scheidung ist auch immer eine Art Tod.

In den weiteren Kapiteln werden wir die vielen anderen Verluste ergründen, die wir im Leben durchmachen – vom Verlust eines Haustieres zum Arbeitsplatzverlust, dem Verlust eines ungeborenen Kindes und vielen anderen möglichen Verlusterfahrungen. Wir werden Wege beschreiben, wie auch jene Verluste geheilt werden können, die an der Oberfläche nicht so leicht zu erkennen sind, zum Beispiel wenn wir um etwas trauern, das niemals war und niemals sein wird.

Auf den folgenden Seiten finden Sie neues Denken, herzerwärmende Geschichten und überaus wirksame Affirmationen, die gezielt in bestimmten Lebenssituationen eingesetzt werden können. Bei den Geschichten handelt es sich um authentische Lebenserfahrungen realer Menschen, die wir ausgewählt haben, weil die Herausforderungen, mit denen sie konfrontiert waren, und die daraus gelernten Lektionen für uns alle von großem Wert sind.

Unser größter Wunsch ist es, Ihnen zu vermitteln, dass Sie Ihr Herz in jedem Fall heilen können, was auch immer Sie gerade durchmachen. Sie verdienen ein liebevolles Leben in Frieden. Beginnen wir nun gemeinsam diesen Heilungsprozess.

Louise und David

1

Anders über Verluste denken

Als ich zu meinem ersten Arbeitstreffen mit Louise nach San Diego fuhr, dachte ich darüber nach, welche Fragen ich ihr stellen sollte. Louise ist dafür bekannt, dass sie sagt: »Gedanken sind schöpferisch.« Wie ließ sich das auf die Verluste anwenden, die wir im Leben durchmachen? Ich dachte an das Zerbrechen einer Beziehung. Ich dachte auch an den Tod, denn eine gute Freundin hatte vor Kurzem plötzlich und unerwartet ihren geliebten Mann verloren. Ich war gespannt auf Louises Meinung zu dieser Situation. Schließlich ist sie so etwas wie die Mutter des Neuen Denkens.

Als Pionierin auf dem Gebiet der ganzheitlichen Heilung war Louise eine der ersten, die auf die Verbindung zwischen körperlichen Erkrankungen einerseits und Denkmustern und emotionalen Problemen andererseits hinwies. Und nun würde ich sie bitten, mit ihrer Weisheit, ihren Erfahrungen und Erkenntnissen jene größte Herausforderung zu beleuchten, der Menschen sich im Leben gegenübersehen. Obwohl ich bereits vier Bücher zu diesem Thema geschrieben habe, bleibe ich für immer Schüler. Ich meine, wie könnte jemand von sich behaupten, *alles* über Verlusterfahrungen zu wissen?

Louise hat so viele Bücher und Meditationen geschrieben, dass ich es kaum erwarten konnte, ihre einzigartige Sicht zu diesem wichtigen Thema kennenzulernen. Ich klingelte an ihrer Wohnungstür, und da war sie, begrüßte mich mit einer herzlichen Umarmung und bat mich herein. Sie führte mich durch ihre großzügige Eigentumswohnung, und ich bewunderte, wie schön es dort ist. Sofort gewann ich den Eindruck, dass dieses wundervolle Zuhause mit seinem geschmackvollen Mobiliar und den unzähligen Erinnerungsstücken, die Louise von ihren vielen Reisen in die ganze Welt mitgebracht hatte, perfekt zu ihrer eindrucksvollen Persönlichkeit passt.

Ich genoss gerade den herrlichen Panoramablick, der sich vor ihren Fenstern bot, als sie sich mir zuwandte und sagte: »Sollen wir unser Gespräch bei einem guten Mittagessen beginnen? Es gibt da ein tolles Restaurant gleich um die Ecke.«

Und so ging ich Augenblicke später mit Louise Hay Arm in Arm durch die Straßen von San Diego. Niemand wäre auf die Idee gekommen, dass wir während unseres Essens eines der schmerzlichsten Themen der Welt erörtern würden. Als wir das Restaurant betraten, fiel mir auf, wie die Gesichter des Personals bei Louises Anblick aufleuchteten. »Sie werden das Essen hier lieben«, versicherte Louise mir.

Nachdem wir bestellt hatten, packte ich mein Diktiergerät aus.

»Louise«, sagte ich, »ich habe so viel über die medizinischen, psychologischen und emotionalen Aspekte von Verlust und Trauer geschrieben. Auch die spirituellen Aspekte habe ich in jedem meiner Bücher beleuchtet. Gestern bin ich in eine Buchhandlung gegangen und habe über *dieses* Buch nachgedacht. Mir wurde klar, dass es eines der wenigen Bücher werden wird, die sich ganz dieser spirituellen Seite von Trennungen, Scheidungen, Todesfällen und anderen

Verlusten widmen. Verraten Sie mir also zunächst, was Sie ganz spontan über diese spirituellen Aspekte denken.«

»Unser Denken erschafft unsere Erfahrungen«, begann sie. »Das bedeutet nicht, dass der Verlust nicht geschehen oder der Schmerz nicht real wäre. Es bedeutet, dass es von unserem Denken abhängt, wie wir Verluste erleben.«

Sie fuhr fort: »David, Sie sagen, dass jeder Mensch Verluste anders erlebt. Lassen Sie uns untersuchen, warum das so ist.«

Ich erzählte Louise von meiner Freundin, deren Mann plötzlich an einer Gehirnblutung gestorben war. Doch zu meiner Überraschung erkundigte Louise sich nicht nach den äußeren Gegebenheiten dieses Verlustes. Stattdessen sagte sie: »Erzählen Sie mir, wie sie darüber denkt. Wir alle empfinden unterschiedlich, weil wir anders über Trauer und Schmerz denken. Das Denken Ihrer Freundin ist der Schlüssel.«

Zuerst war ich versucht zu fragen: »Woher soll *ich* wissen, wie sie denkt?« Aber dann wurde mir klar, worauf Louise hinauswollte. »Oh«, sagte ich, »ihre Gedanken spiegeln sich in dem wider, was sie sagt und tut.«

Louise legte ihre Hand auf meine und lächelte. »Ja! Erzählen Sie mir, was sie sagt.«

»Okay. Ich habe von ihr Sätze gehört wie ›Ich begreife einfach nicht, wie das geschehen konnte.‹ ›Das ist das Schrecklichste, was ich je erlebt habe.‹ Und: ›Ich werde nie wieder lieben können.‹«

»Gut«, sagte Louise. »Damit verrät sie uns eine Menge. Nehmen Sie eine Aussage wie ›Ich werde nie wieder lieben können.‹ Sie wissen ja, für wie wichtig ich Affirmationen halte. Affirmationen sind positiver innerer Dialog. Denken Sie also darüber nach, was sie in ihrem Schmerz zu sich selbst sagt: *Ich werde nie wieder lieben können.* Eine solche Aussage ist schöpferisch. Und, was noch wichtiger ist, sie hilft Ihrer Freundin in keiner Weise, den Verlust zu verarbeiten.

Die Trauer ist eine Sache. Doch mit unserem Denken verschlimmern wir das Leiden oft unnötig. Ihr Schmerz vermittelt ihr das Gefühl, nie wieder lieben zu können. Aber wenn sie sich für eine andere Sichtweise öffnet, könnte sie herausfinden, auf welchen Glaubenssätzen eine solche Aussage beruht. Neue hilfreiche Gedanken könnten in diesem Fall lauten:

Ich habe in meinem Leben eine wunderbare Liebe erfahren.

Die Liebe, die ich für meinen Mann empfinde, ist ewig, das fühle ich.

Wenn ich an meine Liebe zu ihm denke, jubelt mein Herz auch weiterhin.«

Ich fügte hinzu: »Menschen, die schneller in die Tiefe vordringen möchten oder bei denen der Verlust schon eine Weile zurückliegt, können auch folgende Affirmationen verwenden:

Ich bin wieder offen für die Liebe.

Ich bin bereit, in diesem Leben die Liebe in all ihren Formen zu erfahren.«

Louise beugte sich zu mir und sagte: »Ich hoffe, Ihnen ist bewusst, dass solche Gedanken nicht nur nach dem Tod eines geliebten Menschen hilfreich sind. Auch nach Trennungen und Scheidungen sollten wir sie anwenden. Lassen Sie uns in unserem Buch auf alle diese Lebensbereiche eingehen.«

• • •

Während Louise und ich aßen, dachte ich darüber nach, dass manche Menschen offenbar immer wieder einen negativen Pfad einschlagen, während andere ihr Bestes tun, eine Beziehung auf gute Weise zu beenden und das Positive zu sehen und zu finden.

Da sind zum Beispiel Darren und Jessica. Darren betrachtete Religion als etwas, das Sache seiner Eltern und seiner Familie war, ihm selbst jedoch nichts sagte. Doch dann entdeckten er und Jessica die *Religiöse Wissenschaft* für sich und fingen an, regelmäßig eine Kirche dieser das Neue Denken praktizierenden Glaubensgemeinschaft zu besuchen.

»In den Predigten wurden vertraute, alltägliche Themen behandelt«, sagte Darren. »Etwa der Kauf eines Hauses, das Sichverlieben, Heiraten, der Umgang mit Geld und dergleichen. Doch nie wurden dabei Vorurteile gepflegt. Es gab nur Akzeptanz und Weisheit. Bei dieser Art der Spiritualität wurde eine viel umfassendere Liebe vermittelt als in der Religion, mit der Jessica und ich aufgewachsen waren. Im Lauf der Zeit lasen wir Bücher, meditierten und nahmen an Seminaren teil. Jahre später wurde uns zu unserer Erhei-

terung klar, dass unser Spruch ›Denke stets an dein Karma‹
sehr stark der goldenen Regel unserer Eltern glich.«

Nach 22 Jahren einer, wie es Darren schien, guten Ehe
stellte sich bei ihm das Gefühl ein, dass ihre Beziehung zueinander sich verändert hatte.

Jessica beschrieb es mir später so: »Das Leben schien zur
Hälfte vorbei, war aber doch irgendwie noch gar nicht richtig erkundet. Ich spürte es zuerst. Ich wollte hinaus in die
Freiheit. Ich wollte mehr. Es ging nicht um Sex oder Affären.
Es war nur so, dass ich einen lebenslangen Vertrag unter-
schrieben hatte, ohne mir darüber im Klaren zu sein, wie
lang das Leben wirklich ist und wie viel es zu entdecken gibt.
Ich liebte Darren, aber er war glücklich damit, zu Hause zu
sein, nichts zu tun und einfach zu entspannen. Der gemäch-
liche Lebensstil, der Darren gefiel, wurde mir aber zu lang-
weilig. Als ich ihm sagte, dass ich unsere Beziehung in ihrer
momentanen Form beenden und ausziehen würde, machte
ihn das wütend. Er fühlte sich von mir im Stich gelassen. Er
nahm es persönlich, aber es war nicht persönlich. Er warf
mir vor, ihn nicht mehr zu lieben, was nicht stimmte. Ich
liebte ihn immer noch, aber die Wahrheit war, dass unsere
romantische Liebesbeziehung vorüber war.

Ich wusste, dass wir beide sehr unglücklich werden würden, wenn ich bei ihm blieb. Es war traurig, aber ich musste
einfach gehen.«

Die Wahrheit ist, dass wir alle ständig nach Heilung für die
Verletzungen suchen, die wir erlitten haben. Unser Fortschritt ist nicht immer sichtbar, und die Dinge verlaufen oft
alles andere als reibungslos, aber die Liebe wird stets alles,

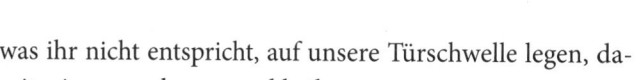

was ihr nicht entspricht, auf unsere Türschwelle legen, damit wir es anschauen und heilen.

Während also Darren schrecklich unter der Trennung litt, fühlte seine Frau sich keineswegs verletzt oder ängstlich, sondern verspürte eine große Abenteuerlust. Während sie ihre Sachen packte, wischte sie ihm sanft die Tränen aus dem Gesicht und sagte: »Du glaubst, ich würde dich verlassen, aber das stimmt nicht. Ich ziehe zwar aus, aber ich werde weiterhin Teil deiner Welt sein. Du glaubst, ich liebe dich nicht mehr, aber ich werde dich immer lieben, und dass ich jetzt gehe, ist für uns beide das Beste. Ich weiß, wenn es für meine Zukunft das Richtige ist, wird es letztlich auch für dich richtig sein.«

Darren blieb verletzt und wütend. »Gib nur zu, dass du mich nicht mehr liebst!«, sagte er.

Jessica entgegnete: »Manchmal ist ›Lebewohl‹ eine andere Art zu sagen: Ich liebe dich.«

Geschichten wie diese werden in der Welt der zerbrochenen Beziehungen und Scheidungen nur selten erzählt. Ich denke oft darüber nach, warum wir so wenig darüber wissen, wie man Beziehungen, Ehen, Jobs auf gute Weise beendet. Wir wissen einfach nicht, wie wir etwas auf erfüllende Weise zum Abschluss bringen können. Und es ist schwer zu akzeptieren, dass jede Beziehung einen Anfang hat, aber viele auch ihr Ende finden.

Die Liebe ehren

Als unser Essen serviert wurde, waren Louise und ich in ein Gespräch darüber vertieft, wie man am besten mit Trauer und Schmerz umgeht. Lächelnd betrachtete sie ihr Essen und sog den Duft ein. Dann dankte sie dafür, was sich für mich aufrichtiger und inniger anfühlte als das sonst typische Tischgebet, das wir eher pflichtschuldig oder aus Gewohnheit sprechen.

»Das haben Sie wirklich gemeint und empfunden, nicht wahr?«, fragte ich, nachdem sie ihr Dankgebet beendet hatte.

»Ja«, antwortete sie, »weil das Leben mich liebt und ich das Leben liebe. Ich bin so dankbar.«

Ich muss zugeben, dass mir das zunächst etwas übertrieben vorkam. Aber dann erinnerte ich mich, mit wem ich dort am Tisch saß – der Frau, die wieder und wieder bewiesen hat, dass Affirmationen wirken. Es hatte mich nur für einen Moment überrascht, mitzuerleben, wie Louise dieses machtvolle Werkzeug ganz selbstverständlich in ihrem eigenen Leben anwendete. Sie genoss sichtlich jeden Bissen ihres Mittagessens, während sie mir erklärte, dass Affirmationen nicht bedeuten, so zu tun, als existiere der Schmerz nicht. »Der Schmerz verschwindet nicht, wenn wir so tun, als ob er gar nicht da wäre. Was, glauben Sie, passiert dann mit ihm?«

»Wenn Sie noch nicht bereit sind, ihn zuzulassen«, antwortete ich, »wird er gespeichert, damit Sie sich später mit ihm befassen können, dann, wenn Sie bereit sind, ihn zu erleben. Wenn nicht jetzt, dann später. Das Timing bestimmen Sie selbst, und es gibt Zeiten, in denen es einfach notwendig ist, die Trauer sozusagen ins Regal zu legen, um sich später mit ihr zu befassen. Vielleicht ist es noch zu früh, zu schmerzhaft. Oder Sie sind zu sehr damit beschäftigt, ein Kind großzuziehen oder Ihre Arbeit zu behalten. Wie immer Ihre Situation aussehen mag, irgendwann kommt eine Zeit, da hat die Trauer lange genug im Regal gelegen. Sie wird dann alt, vernachlässigt, böse und wird anfangen, sich nachteilig auf Ihr Leben auszuwirken. Aber das muss nicht so sein.«

Louise nickte. »Wir tragen die Macht in uns, eine neue positivere Wirklichkeit zu erschaffen. Wenn Sie Ihr Denken bezüglich Schmerz und Verlust ändern, bedeutet das nicht, dass Sie den Schmerz nicht mehr fühlen müssen oder die Trauer vermeiden können. Es bedeutet einfach, dass Sie nicht in diesen Gefühlen stecken bleiben. Wenn Menschen später auf einen Verlust zurückblicken, sagen sie häufig, dass sie froh sind, ihre Emotionen wirklich zugelassen und gefühlt zu haben. Sie sind froh, dass sie sich die Zeit nahmen, das Ende einer Beziehung wirklich zu betrauern. Oder wenn ein geliebter Mensch starb, sind sie froh, dass sie ihre Trauer liebevoll angenommen und ihr den nötigen Raum gegeben haben. Doch oft habe ich die Leute nach einer langen Trauerphase auch sagen hören: ›Es wäre nicht nötig gewesen, dem Schmerz so viel Zeit zu widmen.‹«

Dann sprachen wir über Caroline, eine neunundzwanzigjährige Frau, die gerade anfing, wieder auszugehen und neue Bekanntschaften zu schließen. Sie sagt, dass sie keine ihrer Liebesbeziehungen bedauert, aber sie bedauert heute, dass sie fünf Jahre lang einer verflossenen Beziehung nachtrauerte, die drei Jahre gedauert hatte.

Ich sagte: »Mir hat einmal eine Frau erzählt, sie habe, nachdem ihr Mann bei einem Autounfall ums Leben gekommen war, fast zehn Jahre gebraucht, um zu erkennen, wie sehr sie ihn vermisst und dass sie ihn immer lieben würde. Aber sie hätte es vorgezogen, sich dieser immerwährenden Liebe früher bewusst zu werden. Als sie und ich unsere gemeinsame Arbeit beendeten, sagte sie: ›Die Liebe ehren – das werde ich von nun an tun. Nicht mehr den Schmerz ehren.‹«

»Das ist es, was wir den Menschen vermitteln wollen. Wir wollen die Liebe ehren, nicht den Schmerz und das Leiden.« Louise schaute mir in die Augen und fuhr fort: »In diesem Buch werden wir zeigen, was gute Intentionen sind. Es wird darum gehen, wie man bei Trauer und Verlusterfahrungen Affirmationen sinnvoll anwendet. Wir werden in Zeiten der Sorge neue Hoffnung schenken. Wir können den Leuten zeigen, dass sie von Kummer und Schmerz in den Frieden gelangen können und wie das geht. Sie können ihr Herz heilen. Sie müssen nicht bis an ihr Lebensende leiden, aber die Heilung geht auch nicht über Nacht.«

»Das ist wahr«, sagte ich. »Einen Verlust zu verarbeiten ist nicht wie ein Schnupfen, bei dem wir nach einer Woche schon wieder gesund sind. Heilung braucht Zeit, aber wir können den Menschen vermitteln, sich auf den Frieden zu freuen. Der Schmerz vor dem Frieden ist äußerst wichtig, weil darin auf authentische Weise unsere Gefühle zum Ausdruck kommen, während wir gleichzeitig ein neues, stärkeres Fundament aufbauen.«

• • •

Ich denke oft über die von Kübler-Ross definierten fünf Phasen der Trauer nach: *Leugnung, Zorn, Verhandeln, Depression* und *Akzeptanz*. Bei der Heilung des Herzens geht es darum, zur Akzeptanz zu gelangen, also die Realität anzunehmen und mit ihr zu leben. Damit meine ich nicht, dass Sie sich über einen Verlust freuen oder ihn für okay halten sollen. Aber Sie müssen die Realität dieses Verlustes akzeptieren, auch wenn Sie sich nichts sehnlicher wünschen, als dass der geliebte Mensch zu Ihnen zurückkommt.

Ich erzählte Louise folgende Geschichte:

Christina war eine junge Frau, bei der eine sehr aggressive Form von Eierstockkrebs diagnostiziert wurde. Alle in ihrer Umgebung mussten mit der Nachricht fertigwerden, dass Christina vermutlich sterben würde. Seltsamerweise fällt es sehr jungen Menschen oft viel leichter, das eigene Sterben zu akzeptieren, als ihren Eltern. In Christinas Fall war es ihre Mutter, Debra, die einfach nicht begreifen wollte, was geschah. Christina war eine beeindruckende, tapfere Seele, die deutlich erkannte, was sie in ihrer Welt ändern konnte und was nicht. Sie wusste, dass sie sterben würde, und akzeptierte es, wodurch sie in gewisser Weise Frieden mit der Situation schloss.

Während ihrer Krankheit kam es immer wieder zum Streit zwischen ihr und ihrer Mutter. Debra sagte: »Du bist einfach zu jung zum Sterben.«

»Aber wie erklärst du die Tatsache, dass ich sterbe?«, erwiderte Christina dann stets.

»Du hast doch noch gar nicht richtig gelebt. Du darfst nicht so jung sterben.«

»Mama, für ein erfülltes Leben sind nur zwei Dinge notwendig: Geburt und Tod. Bald wird mein Leben erfüllt sein, denn dann werde ich gelebt haben und gestorben sein. So ist es nun einmal, und wir müssen unseren Frieden damit machen.«

Es gab nur eines, was Christina nachts den Schlaf raubte: die Sorge um ihre Mutter. Nach Christinas Tod kam Debra für einige Monate in meine Beratung. Christina hatte sich so sehr Frieden für ihre Mutter gewünscht, aber damals fand Debra diesen Frieden einfach nicht. Jahre später lief mir Debra zufällig über den Weg, und sofort spürte ich, dass sich bei ihr etwas verändert hatte. Ich sprach sie darauf an, und sie berichtete: »Ich habe mir eingestanden, dass ich, statt nach Frieden zu streben, nur eines wollte: unbedingt Christina zurückhaben. Diese Einsicht ermöglichte es mir, endlich Frieden für mich und für Christina zu wollen. Ich erkannte, was es wirklich bedeutet, wenn man einem Menschen, den man liebt, wünscht, er möge *in Frieden ruhen*.«

»Bis zum heutigen Tag«, sagte ich zu Louise, »erinnern Christina und Debra mich immer wieder daran, wie wichtig es ist, diesen Frieden zu wollen.«

Louise stimmte mir zu. »Oft machen wir uns nicht klar, was bestimmte Worte, mit denen wir aufwachsen, eigentlich bedeuten. Denken Sie über diese Worte nach: *in Frieden ruhen*.«

Wir alle haben das schon gehört, und Debra gelangte schließlich dahin, für ihre Tochter diesen Frieden zu wollen, denn sie hatte erkannt, dass die Liebe ewig ist und niemals stirbt.

Und ebenso war es sicher Christinas Wunsch, dass ihre Mutter nachts wieder in Frieden schlafen konnte, in dem sicheren Wissen, dass das Band der Liebe zwischen ihnen durch den Tod nicht durchtrennt wird. Jetzt ruht Debra im Frieden ihres festen Glaubens daran, dass sie und ihre Tochter sich eines Tages wiedersehen werden.«

Welcher Art der Verlust auch sein mag, der Ihnen Kummer bereitet, entscheidend ist, dass Sie sich *wünschen*, Frieden und Heilung des Herzens zu finden. Es ist tröstlich und heilend, zu erkennen, dass es jederzeit möglich ist, Trauer zuzulassen und zu verarbeiten und so Frieden zu finden. Dieses Buch enthält zahlreiche Vorschläge hierzu, über die Sie möglicherweise noch nie nachgedacht haben. Dazu zählt, Ihr gewohnheitsmäßiges Denken kritisch zu hinterfragen und Affirmationen einzusetzen, um ungesunde Denkmuster zu verändern.

Rufen Sie sich einfach ins Gedächtnis, dass es möglich ist, Ihren Verlust *und* Ihr Herz zu heilen. Tagtäglich gelingt Menschen diese Heilung.

Aber Sie sollten auch daran denken, dass Ihre Trauer so einzigartig ist wie Ihr Fingerabdruck. Um Ihr Herz wirklich heilen zu können, müssen Sie zunächst Ihren Verlust und Ihren Schmerz anerkennen. Viele Leute ärgern sich über Freunde, die unfähig sind, sich in sie hineinzuversetzen und zu verstehen, was sie durchmachen. Es ist gut möglich, dass diese anderen Personen Sie niemals wirklich verstehen werden. Nur Sie selbst können Ihren Verlust wahrhaft wertschätzen und Sie allein sind in der Lage, ihn zu heilen.

Verlust hat viele Gesichter

Die meisten Menschen sind erstaunt, wenn sie hören, dass es viele verschiedene Arten des Verlustes gibt. »Verlust ist Verlust«, sagen sie. In gewisser Hinsicht stimmt das natürlich. Doch da es so viele spezifische Formen der Verlusterfahrung gibt, lohnt es, sich die Grundtypen anzuschauen.

Im Rest dieses Kapitels werden wir uns auf den *komplexen Verlust*, den *drohenden Verlust* und die *schamvolle Trauer* konzentrieren. Denken Sie daran, dass Trauer die natürliche Reaktion auf einen Verlust ist. Ohne sich in allzu komplizierten Unterscheidungen zu verlieren, kann es hilfreich sein, wenn Sie verstehen, welche Art von Verlust Sie erlitten haben. Sie werden dann oft besser mit der Situation umgehen können.

Komplexer Verlust

Einfach ausgedrückt, handelt es sich dabei um einen Verlust, der durch andere Faktoren zusätzlich verkompliziert wird. Die meisten von uns wissen, dass es eine schmerzliche Verlusterfahrung ist, wenn eine Beziehung endet. Wenn zwei Menschen sich in gegenseitigem Einvernehmen trennen, ist das ein unkomplizierter Verlust. Wenn ein alter Mensch nach einem guten, langen Leben stirbt, ist das ein unkomplizierter Verlust.

Doch wie häufig sind solche unkomplizierten Verluste? Wie oft herrscht allseitiges Einvernehmen und enden die Dinge gut?

Das Leben der meisten Menschen ist komplex. Und das gilt dementsprechend auch für ihre Verlusterfahrungen. Verluste werden komplex, wenn sie plötzlich und unerwartet geschehen. Doch wie schwierig und komplex ein Verlust auch sein mag, die Möglichkeit der Heilung besteht immer. Schauen wir uns einige Beispiele an, wie wir unser Denken verändern können.

Wenn bei einer intimen Beziehung einer der beiden Partner die Trennung wünscht und der andere nicht, können Sie diese Affirmation zum Bestandteil Ihres Denkens machen:

Auch wenn ich diese Trennung gegenwärtig nicht
verstehe, werde ich sie als Realität akzeptieren,
sodass die Heilung beginnen kann.

Dieses Denken lässt sich auch bei einer Scheidung anwenden:

Ich glaube nicht, dass wir uns trennen müssen,
aber mein Mann [meine Frau] will die Scheidung.
Ich bin damit zwar nicht einverstanden, aber ich bin
mir bewusst, dass wir alle selbst über unser Schicksal
bestimmen, und mein Partner [meine Partnerin] hat
diesen Weg gewählt.

Jeder Mensch hat das Recht, selbst zu entscheiden,
ob er eine Ehe aufrechterhalten möchte oder nicht.

Wenn jemand jung stirbt, können Sie sich sagen:

Ich habe diesen Tod nicht kommen sehen. Ich glaubte,
dieser Mensch hätte noch ein langes Leben vor sich,
aber ich akzeptiere, dass ich nicht alles verstehen oder

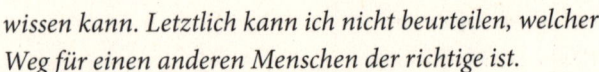

wissen kann. Letztlich kann ich nicht beurteilen, welcher Weg für einen anderen Menschen der richtige ist.

Und bedenken Sie: Auch wenn der Verlust komplizierter Natur ist, kann die Heilung ganz unkompliziert sein.

Drohender Verlust

Hier sind einige Beispiele für *drohende Verluste*: Nach der dritten vorübergehenden Trennung sagt sich ein Paar: »Diese ständigen Brüche sind unerträglich. Wenn wir es nicht endlich schaffen, unsere Beziehung zu heilen, ist es besser, uns endgültig zu trennen.« Einige hilfreiche Affirmationen für diesen Fall können lauten:

Diese Trennung wird uns zu wertvollen Einsichten verhelfen.

Diese Beziehung wird sich weiterentwickeln oder zu der ihr gemäßen Zeit enden.

Menschen, die mit ernsten, langwierigen Krankheiten fertigwerden müssen, sagen sich vielleicht: »Dieses tagelange Warten auf neue Laborergebnisse ist eine Qual.« Oder: »Ich will entweder wieder ganz gesund werden oder sterben.« Eine gute Affirmation für solche Fälle lautet:

Meine Gesundheit wird nicht allein durch Laborergebnisse definiert.

Das bange Warten, ob ein Verlust eingetreten ist oder nicht, kann sich so schlimm anfühlen wie der Verlust selbst. Das Leben zwingt Sie manchmal, in einem Zustand der Ungewissheit zu verharren. Vielleicht müssen Sie mehrere Stunden warten, bis Sie erfahren, ob die schwere Operation eines nahen Angehörigen gut verlaufen ist. Oder es dauert Tage, bis Ihr Ehepartner aus dem Koma erwacht.

Es kann Stunden, Tage, Wochen oder noch länger dauern, bis Sie Gewissheit über das Schicksal eines vermissten Kindes erhalten. Die Familien von Soldaten, die im Krieg als vermisst gemeldet werden, leben mitunter jahrzehntelang in quälender Ungewissheit. Noch nach vielen Jahren sind die Angehörigen nicht in der Lage, den Verlust zu verarbeiten, solange sie die Wahrheit über das Schicksal des Betreffenden nicht kennen. Aber möglicherweise kommt diese erlösende Information nie. Mit der Ungewissheit eines möglichen Verlustes zu leben ist in sich selbst ein Verlust.

Doch das muss nicht so sein. Wenn man in einen Sturm gerät, kann man einen sicheren Hafen finden. Während der quälenden Ungewissheit eines möglichen Verlustes malen Sie sich vermutlich die schrecklichsten Szenarien aus. Sie fragen sich, wie Sie weiterleben sollen, falls der Verlust tatsächlich eintritt. In solchen Situationen sind wir manchmal wie gelähmt, sodass wir weder anderen noch uns selbst helfen können. Eine heilende Affirmation lautet hier:

Auch wenn ich im Moment nicht weiß, wie es um den geliebten Menschen steht, vertraue ich darauf, dass er sich in der liebenden Hand Gottes befindet und gut für ihn gesorgt wird.

Hat der Partner sich von Ihnen getrennt, denken Sie viel-leicht: *Ich muss ihn zurückgewinnen. Ich will nicht, dass es vorbei ist.* Aber denken Sie besser noch einmal darüber nach! Was wäre, wenn Sie sich stattdessen sagen:

Ich weiß zwar im Moment nicht, wie die Sache sich entwickeln wird, aber das Leben liebt mich, und deshalb wird es mir gut gehen – mit ihm oder ohne ihn.

Wenn es Ihnen schwerfällt, das Ende einer Beziehung zu akzeptieren, versuchen Sie es einmal mit dieser Affirmation:

Wenn ich nicht der Richtige für sie bin, dann ist es jemand anders! Also mache ich den Weg frei, damit diese beiden sich finden können.

Schamvolle Trauer

Damit meinen wir die Trauer, die Menschen angesichts eines Verlustes empfinden, bei dem sie glauben, das, was sie ver-loren haben, sei gesellschaftlich nicht akzeptabel gewesen und deshalb sei es auch die Trauer nicht. Aus Scham wird die Trauer dann nicht offen gezeigt oder von anderen nicht gebilligt. Beispiele hierfür sind:

 Die Beziehung war sozial nicht akzeptiert oder gesell-schaftlich nicht anerkannt, etwa eine schwule oder lesbische Partnerschaft oder Ehe. Verwenden Sie diese Affirmation:

*Was auch immer andere über diese Liebe denken
mögen, ich ehre meine Liebe und meinen Verlust.*

Es handelt sich um eine Beziehung, die schon vor längerer Zeit endete: Zum Beispiel ist die Exfrau oder der Exmann verstorben. Verwenden Sie diese Affirmation:

*Auch wenn wir uns schon vor längerer Zeit
getrennt haben, empfinde ich auch heute noch
Liebe für diesen Menschen. Und deshalb nehme
ich mich meiner Trauer liebevoll an und heile sie.*

Der Verlust ist für Außenstehende nicht leicht zu erkennen oder wird verheimlicht. Das kann etwa bei Abtreibungen oder Fehlgeburten der Fall sein. Verwenden Sie diese Affirmation:

*Ich akzeptiere den Verlust meines Kindes
und ehre meine Gefühle.*

Der Tod eines Menschen ist mit einem Stigma verbunden. Vielleicht lässt sich der Todesfall auf unglückliche Lebensentscheidungen zurückführen, oder es sind Dinge im Spiel, die manche Leute als Sünde betrachten. Das kann etwa bei Selbstmord, Aids, Alkoholismus oder einer Drogenüberdosis zutreffen. Verwenden Sie diese Affirmationen:

Bei Selbstmord: *Dieser Mensch, den ich liebe,
war verzweifelt und sah keinen anderen Ausweg.
Ich bejahe Heilung und Frieden für ihn.*

Bei Aids: *Mein Partner/meine Partnerin ist schön und ein wertvoller Mensch, ungeachtet seiner/ihrer Krankheit.*

Bei Alkohol- und/oder Drogensucht: *Dieser Mensch, den ich liebe, hat sein Bestes gegeben und sein Potenzial entfaltet, so gut es ihm möglich war. Ich erinnere mich an ihn vor seiner Suchterkrankung, und ich sehe ihn jetzt frei von seiner Sucht.*

Die Trauer um ein Haustier wird oft nicht gezeigt aus Angst, sich lächerlich zu machen. Verwenden Sie diese Affirmation:

Die Liebe, die ich für mein Haustier empfinde, ist sehr real. Ich offenbare meine Trauer nur Menschen, die dafür Verständnis aufbringen.

Wenn es um schamvolle Trauer geht, können Sie das Denken anderer Leute nicht verändern, sondern nur Ihr eigenes.

Liebevoll ehre ich meine Verluste.

• • •

Wie Sie sehen, gibt es unterschiedliche Namen für unterschiedliche Verlusterfahrungen. Während jeder Mensch auf seine eigene, einzigartige Weise trauert, ist die Verlusterfahrung an sich universal. Aber wenn Verlust eine universale Erfahrung ist, die alle Menschen machen, dann ist auch

Heilung universal und steht allen Menschen offen. Oft haben wir keine Kontrolle über Trennungen, Scheidungen oder Todesfälle. Wie wir aber darüber denken, können wir sehr wohl kontrollieren. Sie können sich eine Erfahrung erschaffen, bei der Sie den Schmerz, aber auch den Wunsch nach Heilung zulassen und fühlen, oder Sie machen sich zum Opfer des Schmerzes. Affirmationen sind ein wertvolles Werkzeug, mit dem Sie Ihr Denken auf Heilung ausrichten und vom Leiden wegsteuern können.

Schauen wir uns nun näher an, welche Verlustgefühle auftreten, wenn eine Beziehung zerbricht. Wir werden lernen, wie wir nach einer Trennung unser Denken auf Heilung fokussieren und negative Denkmuster durchbrechen können, um künftig mehr Selbstliebe zu manifestieren.

2

Brüche und Durchbrüche
in der Partnerschaft

Das, was die Leute nach dem Ende einer Beziehung zu sich selbst sagen und was sie von anderen zu hören bekommen, hat eine Wirkung und eine Botschaft. Wir wissen, dass die Botschaften aus den Märchen nicht wahr sind. »Und sie lebten glücklich und vergnügt bis an ihr Ende.« Wir wissen, dass man nicht immer glücklich und vergnügt leben kann. Man kann authentisch leben, man kann hoffnungsvoll leben. Vielleicht können zwei Menschen sogar das »für sie perfekte Leben« führen.

Wäre es nicht wunderbar, wenn wir uns nach dem Ende einer Beziehung einfach die Hand geben und sagen würden: »Danke, es war wundervoll mit dir«? Und dann geht jeder seiner Wege. Oder vielleicht: »Ich habe mit dir eine Menge gelernt.« Oder: »Wir hatten echt eine wilde Zeit zusammen! Danke, und gib gut auf dich acht.«

Doch meistens versinken wir in tiefer Trauer und haben das Gefühl, unter einer düsteren Wolke zu stehen. Gibt es andere Optionen, wie Sie denken und wahrnehmen können? Der Schmerz ist real, aber muss es diese düstere Wolke wirklich geben? Können Sie nicht stattdessen in der angenehmen Erinnerung an die Liebe leben? Können Sie Dankbarkeit für diese Liebe empfinden? Können Sie innehalten und denken: *Das war eine wirklich interessante Zeit, ein aufregendes Kapitel meines Lebens!* Und neugierig auf das sein, was als Nächstes kommt? Müssen Sie wirklich unter der düsteren Wolke ausharren und auf das Gewitter warten?

Wie die meisten Menschen betrachten Sie eine Liebesbeziehung vermutlich wie einen Hügel, der keine Verbindung zum Tal hat. Haben nicht auch die Zeiten des Alleinseins ihren Wert? Wir hoffen, Sie lassen nach einer Trennung den Schmerz zu und fühlen ihn wirklich. Doch Sie sollten auch wissen, dass ständiges negatives Denken das Leid nur verschlimmert.

Sprechen Sie mit anderen Leuten, älteren vor allem. Hören Sie, wie erstaunlich deren Leben war, wenn sie in einer festen Beziehung lebten und wenn sie keine Beziehung hatten. Für alle Ebenen des Bewusstseins ist es überaus heilsam, wenn wir meditieren, beten und Affirmationen anwenden. Ebenso heilkräftig ist die Stille. Manche Menschen werden Ihnen sogar berichten, dass sie nach dem Ende einer Partnerschaft eine Zeit der persönlichen Erneuerung und Weiterentwicklung erlebten.

In diesem Kapitel werden wir viele bemerkenswerte Geschichten und Einsichten mit Ihnen teilen, die belegen, dass das Zerbrechen einer Partnerschaft für Sie durchaus zu einem persönlichen Durchbruch werden kann. Wenn möglich, sollten Sie versuchen, sich für eine neue Wahrnehmung zu öffnen und diesem Ende sogar positive Seiten abzugewinnen. Ein Grund für die quälende Angst, die viele Menschen befällt, wenn eine Beziehung endet, ist das Gefühl, im Stich gelassen zu werden, allein zurückzubleiben.

Vielleicht denken Sie: *Er wollte doch für immer bei mir bleiben.* Aber warum haben Sie geglaubt, das wäre so? Es ist durchaus möglich, die Sache ganz anders zu betrachten. Vielleicht war es Ihnen ja bestimmt, mit diesem Menschen im Alter von 23 bis 25 Jahren eine romantische Beziehung zu erleben, und dann ist es Ihnen bestimmt, die Lebensjahre von 30 bis 51 mit einem anderen Menschen zu teilen. In unserem Leben kommen und gehen die Menschen, aber die Liebe bleibt bestehen.

Gewiss klingt das wieder so, als wollten wir Ihr Denken verändern, und so ist es in der Tat! Wenn Sie glauben, es gäbe *nur eine Art*, über Verluste zu denken – und zwar negativ –, schränken Sie Ihr Denken damit unnötig ein. Letztlich sollten Sie Ihr Denken öffnen und erweitern. Dann werden sich grenzenlose Möglichkeiten auftun, wie Sie die Ereignisse in Ihrem Leben betrachten und kreativ mit ihnen umgehen können.

Beziehungen ermöglichen es uns, nach und nach immer besser zu verstehen, wer wir sind, wovor wir uns fürchten, woher unsere Macht kommt und welche Bedeutung wahre Liebe für uns hat. Die Idee, dass Beziehungen für uns Gelegenheiten sind, zu lernen und zu wachsen, scheint zunächst unserer Intuition zu widersprechen, weil wir wissen, wie frustrierend, anstrengend und manchmal herzzerreißend sie sein können. Und doch können sie so viel mehr sein. Beziehungen sind unsere größte Chance, wirkliche Liebe und wahre Heilung zu finden.

Wenn Sie wegen einer Trennung trauern, mag es Ihnen so vorkommen, als wären Sie nicht länger komplett. Wenn Sie glauben, sich nur mit einem anderen Menschen an Ihrer

Seite ganz und heil fühlen zu können, sagen Sie damit, dass Sie allein nicht gut genug sind – das steht dann Ihrer Selbstliebe im Weg und hindert Sie daran, sich Ihr eigenes Glück zu erschaffen, privat und beruflich. Statt nach dem richtigen Partner oder der richtigen Partnerin zu suchen, sollten Sie daran arbeiten, selbst liebenswerter zu werden. Statt Ihren gegenwärtigen Lebensgefährten ständig aufzufordern, Sie mehr zu lieben, sollten Sie sich bemühen, für Ihre Gefährtin oder Ihren Gefährten liebenswerter zu werden. Und wenn Sie liebenswert sind und trotzdem verlassen werden, dann war dieser Mensch eben für Sie nicht der Richtige.

Um Liebe zu finden, müssen Sie sich fragen, ob Sie selbst so viel Liebe geben, wie Sie gerne von anderen bekommen möchten. Oder erwarten Sie von anderen, dass diese Sie mehr lieben sollen, als Sie die anderen oder sich selbst lieben? Hier gilt das alte Sprichwort »Wenn dein Boot nicht schwimmt, wird niemand darin mit dir übers Meer segeln wollen«.

Beziehung und Partnerschaft anders betrachten

Bevor wir uns mit dem Trennungsschmerz nach dem Ende einer Beziehung befassen, müssen wir untersuchen, wie die Menschen denken, solange die Beziehung besteht.

So, wie Sie während einer Beziehung denken, werden Sie nach der Trennung trauern. Wenn Sie sich aus einem Gefühl des Mangels heraus auf eine Beziehung einlassen, wird sich dieses Mangeldenken auch darin zeigen, wie Sie mit dem

Schmerz der Trennung umgehen. Wenn es in Ihrer Beziehung viel Wut gab, werden Sie auch hinterher voller Wut sein. Die Wahrheit ist: Wir möchten Ihnen nicht nur zeigen, wie Sie nach dem Ende einer Beziehung durch offeneres Denken den Trauerprozess positiv beeinflussen können. Wir möchten Sie ermutigen, dieses offene, konstruktive Denken auch schon *während* der Beziehung zu praktizieren!

Joanna und Grace sind eineiige Zwillinge. Sie kamen im Abstand von wenigen Minuten zur Welt. Zufällig ergab es sich so, dass Joanna an einem Silvesterabend zwei Minuten vor Mitternacht geboren wurde und Grace kurz darauf, also bereits im neuen Jahr. Auch wenn die eine Schwester nur Minuten älter als die andere war, verkündeten sie stets stolz ihr unterschiedliches Alter. Und auch im Umgang mit Beziehungen verhielten diese Zwillinge sich sehr unterschiedlich.

Graces Freund war Computerfachmann, der eine Software entwickelte, mit der man die Wechselwirkungen von Medikamenten überprüfen konnte. Viele betrachteten ihn als Helden, weil seine Arbeit half, Menschenleben zu retten. Grace liebte ihn und war sehr glücklich über ihre Partnerschaft. Als er ihr eines Tages sagte, dass er sie wegen einer anderen verlassen würde, war sie zunächst am Boden zerstört. Aber dann sagte sie Sätze wie: »Es hat eben nicht sein sollen. Offenbar war er doch nicht der Richtige für mich.« Sie hatte ihre ganz eigene, sehr realistische Sichtweise. »Diese Beziehung sollte wohl nur ein Jahr dauern«, sagte sie.

Ihre Zwillingsschwester fragte: »Hast du denn nicht geglaubt, dass er die Liebe deines Lebens ist?«

Grace antwortete: »Wenn das so wäre, dann wären wir immer noch zusammen. Die Tatsache, dass die Beziehung beendet ist, bedeutet, dass es ihr eben bestimmt war, nur ein Jahr zu dauern und nicht das ganze Leben.«

Joanna konnte nicht begreifen, dass ihre Schwester so wenig unter der zerbrochenen Beziehung litt. Aber ihre viel schmerzvollere Sichtweise beschränkte sich nicht darauf, sondern bestimmte, wie sie in ihrem eigenen Leben mit Liebe und Romantik umging. Für sie gab es dabei nur zwei Zustände: Entweder befand sie sich in einer Beziehung oder sie trauerte einer verflossenen Beziehung nach. Sie war mit Phil liiert, einem attraktiven Sportreporter. In vielerlei Hinsicht waren die beiden ein perfektes Paar, aber Joanna bedauerte immer noch, ihre vorherige Beziehung mit Max beendet zu haben. *Hätte ich bei Max nicht so viele Fehler gemacht,* fragte sie sich oft, *wären wir dann immer noch zusammen?* Wenn Joanna über ihre gegenwärtige Partnerschaft nachdachte, hatte sie schreckliche Angst, bei Phil die gleichen Fehler zu wiederholen.

Grace sagte dazu nur: »Vergiss doch einfach deine früheren Beziehungen. Du hast dabei doch schon alles gelernt, was du wissen musst. Sei einfach ganz und gar in deiner jetzigen Beziehung. Sei bei Phil.«

Für Joanna war das jedoch leichter gesagt als getan. »Aber was ist, wenn ich zu ruhig oder zu aggressiv bin?«

»Wenn, wenn, wenn … was wäre, wenn unsere Großmutter Räder gehabt hätte?«, entgegnete Grace. »Wären wir dann Autos?«

Es war offensichtlich, dass diese beiden Schwestern mit ihren Beziehungen und dem Übergang von einer Beziehung zur nächsten sehr verschieden umgingen. Aber sie erlebten beide auch ihre ganz individuellen Lektionen, denn selbst eineiige Zwillinge machen jeder für sich ihre eigene Lebensreise.

Wir alle haben unseren individuellen Lehrplan. Oft versuchen wir, unsere inneren Prozesse zu gestalten oder zu diagnostizieren und unsere Lektionen zu verändern, aber das Leben ist der große Experte, der uns immer genau das gibt, was wir im Moment gerade brauchen.

Das heißt nicht, dass wir keine Fehler machen. Und es wäre auch nicht wünschenswert, uns aus dem Spiel des Lebens herauszuhalten und es nur zu beobachten. Es gibt einen Punkt, wo Selbstbeobachtung zu selbstsüchtiger Trägheit wird. Um unser Leben zu verändern, müssen wir aktiv vorwärtsgehen. Wir können andere nicht kontrollieren, wir können unsere Vergangenheit nicht ändern, aber wir haben die volle Kontrolle über unseren inneren Dialog. Erst wenn Joanna erkennt, dass ihre negativen Gedanken sich schädlich auf ihre zwischenmenschlichen Beziehungen auswirken, wird ihr bewusst werden, wie sie sich mithilfe ihrer Gedanken eine andere Realität erschaffen kann.

Nehmen Sie einen Gedanken wie *Ich weiß, dass ich immer wieder die gleichen Fehler mache*. Wir können ihn nicht nur ändern, wir können ihn auch als Wegweiser für unsere Heilung nutzen. Er könnte sich in eine Meditation verwandeln, mit einem Mantra wie diesem:

Ich heile mich von früheren Fehlern.

Joanna hat es geschafft, die Fehler, die sie in ihrer früheren Beziehung machte, hinter sich zu lassen. Manchmal denken die Leute: *Toll, ich bin geheilt. Ab jetzt wird alles perfekt sein.* In Wahrheit ist es aber so, dass die Welt ständig *unterwegs* zu immer mehr Heilung ist. Also wird Joannas »Beziehungsschiff« auch in Zukunft immer wieder in raue See geraten. Doch früher oder später wird bei ihr ein anderer Lebensbereich in den Vordergrund rücken, wo Heilung nötig ist.

Wenn Joanna einen Teil ihres Selbst geheilt hat, sagt das Universum nicht: »Jetzt gönnen wir ihr sechs Monate Ruhe.« Das Universum sagt: »Was ist bei Joanna die nächste Sache, die geheilt werden muss, damit sie glücklicher sein kann?« In vielen spirituellen Traditionen kennt man die Vorstellung, dass alles, was der Liebe nicht entspricht, ans Licht gebracht wird, damit es geheilt werden kann. In Joannas Fall kam bei ihr nun ein anderer Persönlichkeitszug zum Vorschein, der ihrem Glück ebenfalls nicht dienlich war. Sie fing an, Phil auf den Prüfstand zu stellen, und fragte sich ständig Dinge wie *Ist er wirklich der Mann meines Lebens? Wäre er ein guter Vater? Werden wir immer guten Sex haben? Mögen meine Freundinnen ihn? Wird meine Familie ihn akzeptieren?*

Vielleicht denken Sie nun, das seien durchaus vernünftige Fragen. Aber nicht, wenn man sie sich hundertmal am Tag stellt! Vielen Leuten ist gar nicht bewusst, dass sie pro Tag 70.000 Gedanken denken. Und das Schockierende daran ist, dass die meisten dieser Gedanken sich ständig wiederholen. Wenn man sein Leben oder seine Partnerschaft so wie Joanna dauernd auf den Prüfstand stellt, lebt man nicht

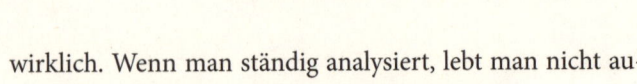

wirklich. Wenn man ständig analysiert, lebt man nicht authentisch und offen im gegenwärtigen Moment.

Schauen wir uns einige von Joannas Gedanken genauer an. So denkt sie jetzt über ihre Beziehung, und das wird sich auf ihre Trauer auswirken, falls die Beziehung endet. Aber es beeinflusst auch die Qualität ihres momentanen Lebens mit Phil.

Hier ist die erste Frage, die sie sich stellt: »Ist er wirklich der Mann meines Lebens?«

Die richtige Antwort auf ihre Frage lautet, dass er *jetzt* der Mann an ihrer Seite ist. Nur das Jetzt ist letztlich von Bedeutung. In der Zukunft lässt sich kein Glück finden. Hier und jetzt ist Phil Joannas Partner.

Erkennen Sie, dass eine solche Aussage Ihnen hilft, in der Gegenwart und in der Wirklichkeit zu leben? »Hier und jetzt ist er mein Partner« entspricht der Wahrheit. »Er ist mein Mann fürs Leben« kann sich als wahr erweisen oder auch nicht. Sie können ganz einfach nicht wissen, ob Sie Ihr ganzes Leben mit einem Menschen zusammenbleiben werden. Wenn eine Beziehung endet, werden Sie Trauer verspüren, aber wenn Sie glauben, Ihr Partner sei der Mann fürs Leben gewesen und es gäbe nie wieder einen anderen für Sie, wird der Schmerz dadurch umso schlimmer. Verwenden Sie in solchen Fällen diese Affirmation:

Hier und jetzt ist er mein Partner.

Schauen wir uns nun Joannas zweite Frage an: »Wäre er ein guter Vater?«

Immer wenn unser Denken auf eine andere Person gerichtet ist statt auf uns selbst, finden wir kein Glück. Für

Joanna müsste die Frage nicht lauten, ob Phil ein guter Vater ist, sondern vielmehr, ob sie eine gute Mutter wäre. Bleiben wir realistisch. Wir können einfach nicht wissen, ob ein Mensch sich als guter Vater oder gute Mutter erweist. Viele von uns kennen Freunde oder Verwandte, von denen wir glaubten, sie würden gute Eltern sein, doch dann stellt sich heraus, dass ihnen bestimmte Fähigkeiten fehlen. Ebenso überraschen uns Menschen, denen wir das nie zugetraut hätten, damit, dass sie sich als überraschend gute Eltern erweisen. Letztlich hat Joanna nur über eines die Kontrolle: ihre eigenen Fähigkeiten als Mutter, wenn die Zeit dafür gekommen ist. Eine positive Affirmation wäre hier:

Ich werde hart dafür arbeiten, als Mutter mein Bestes zu geben.

Kommen wir zu Joannas dritter Frage: »Werden wir immer guten Sex haben?«

Im Grunde existiert Sex nur an einem Ort: zwischen unseren Ohren. Wie aufregend Ihr Sexleben in Zukunft sein wird, braucht Sie jetzt nicht zu beschäftigen. Konzentrieren Sie sich einfach darauf, sich voll und ganz in Ihre momentanen sexuellen Erlebnisse einzubringen und bei der Sache zu sein. Joanna kann gleich heute Abend all ihre Intensität, ihren Charme, ihre Kreativität, ihre Begeisterung und Abenteuerlust im Schlafzimmer entfalten. Dazu passt die folgende positive Affirmation:

Ich werde mich heute voll und ganz in mein sexuelles Erleben einbringen.

»Mögen meine Freundinnen ihn?« ist Joannas nächste Frage.

Ihre Freundinnen und Freunde werden stets widerspiegeln, welche Gedanken Sie aussenden. Wenn Sie sich eine Frage stellen, in der Zweifel zum Ausdruck kommen, werden auch Ihre Freunde zweifeln. Andererseits, wenn Sie Gedanken des Glücks ausstrahlen, werden Ihre Freunde Ihren Lebenspartner automatisch mögen, weil sie sehen, dass Sie mit ihm oder ihr glücklich sind. Die positive Affirmation lautet:

Meinen Freundinnen wird es gefallen,
wenn ich in seiner Gegenwart glücklich bin.

Und schließlich fragte Joanna: »Wird meine Familie ihn akzeptieren?«

Vielleicht ja, vielleicht aber auch nicht. In der Regel werden sich Ihre nahen Verwandten so wie Ihre Freunde wünschen, dass es Ihnen gutgeht. Falls sie aber Vorbehalte gegen die Person äußern, die Sie lieben, sollten Sie immer daran denken, dass es *Ihr* Leben ist, Ihre Beziehung. Nur ein Mensch muss diese Beziehung billigen und wertschätzen: *Sie selbst.* Hier passt diese Affirmation:

Ich stehe zu meiner Partnerschaft und wertschätze sie.

Alle Ihre Gedanken sind von Bedeutung. Sie werden nicht während einer Beziehung auf eine bestimmte Weise denken und dann in Ihrem Schmerz über die Trennung vollkommen anders. Wenn Ihr Denken während der Beziehung negativ und verzerrt ist, wird auch Ihre Trauer negativ und verzerrt sein. Es ist von entscheidender Bedeutung, diesen Zusammenhang zu erkennen, denn wenn Sie glauben, dass eine Beziehung sich schlecht entwickeln wird, werden diese negativen Gedanken, die Ihre Beziehung durchdrangen, auch Ihren Trauerprozess bestimmen. Und wenn dann eine neue Beziehung vor der Tür steht, wird Ihr Denken nicht auf magische Weise plötzlich klar und positiv werden. Sie werden auch weiterhin Opfer Ihrer Denkmuster bleiben.

Trauer ist ein Fenster, das uns Gelegenheit gibt, uns anzuschauen, wie wir grundsätzlich über Beziehungen denken. Wenn Sie gut um eine verflossene Beziehung trauern können, stehen die Chancen gut, dass Sie zukünftig eine gute neue Beziehung eingehen werden. Haben Ihre Beziehungen bisher nicht gut funktioniert, bietet eine Trennung die Chance, Ihr Denken zu ändern, sowohl was die Trauerarbeit als auch künftige Beziehungen angeht.

Sich selbst kennenlernen

Vanessa lacht, wenn sie an ihre »Traumbeziehung« zurückdenkt. Heute ist sie glücklich mit einem Mann verheiratet, der nicht diesem Traum entspricht, und erinnert sich liebevoll und mit Humor an diese erste große Beziehung. Der Schmerz gehört der Vergangenheit an.

Mit 27 lernte sie auf einer Party Ron, einen Kinderarzt, kennen. Sie hatte immer gewusst, dass ihr eines Tages ein Mann begegnen würde, der etwas Besonderes war und auch das Besondere in ihr erkennen würde. Sie fragte sich, wie es wohl sein würde, zu den Frauen zu zählen, die einen Arzt heirateten.

Nachdem sie elf Monate miteinander gegangen waren, bat Ron sie, zu ihm zu ziehen. Vanessa hatte das Gefühl, erwachsen und am Ziel ihrer Träume zu sein. *Es ist meine Bestimmung, einen Arzt zu heiraten,* sagte sie sich. *Ich werde Wohltätigkeitsveranstaltungen für das Krankenhaus organisieren. Wenn er sich über die Arbeit beklagt, werde ich diejenige sein, die weiß, was er auf sich nehmen musste, um ein so guter Mediziner zu werden. Wenn die Leute darüber reden, wie viel Geld er verdient, werde ich sie daran erinnern, wie lang und schwierig seine Ausbildung war.*

Vanessa saß nun nicht mehr im örtlichen Café, sondern trank Tee mit den anderen Arztfrauen. Und doch war nicht alles perfekt. Ron konnte ein wenig arrogant und egozentrisch sein. Einmal schlug sie vor, sein Schlafzimmer umzugestalten, das mit seinem Wasserbett und der Hausbar noch wie eine Junggesellenbude wirkte. Er erwiderte schroff und sichtlich verärgert, sein Zimmer gefalle ihm gut so, daran würde nichts verändert. Er erzählte, dass er das Wasserbett schon seit über zehn Jahren besaß und es wunderbar fand, außer wenn er das Wasser ablassen und das Bett neu befüllen musste. Er sagte Vanessa, wie kalt diese erste Nacht immer war, wenn er das Wasser frisch gewechselt hatte. Also legte sie den Plan, das Schlafzimmer anders einzurichten, erst einmal auf Eis. Vielleicht würde Ron ja später aufgeschlossener dafür sein.

Den ersten Jahrestag ihrer Beziehung feierten sie mit einer Reise nach Maui, Rons Lieblingsinsel. Aber Vanessa duldete, dass ein ungebetener Gast mitreiste – ihre Angst.

Als sie Ron fragte, ob er früher mit anderen Frauen auf Maui gewesen sei, antwortete er: »Ja. Das war schon immer mein Lieblingsort. Ich bin mit früheren Freundinnen hierhergekommen und auch als Single. Ich habe hier auch einmal eine Frau kennengelernt, die dann meine Freundin wurde.«

Seine Aufrichtigkeit verunsicherte Vanessa nur noch mehr. Schauen wir uns also an, wie sie damals dachte: *Bin ich für ihn nur eine unter vielen? Hätte ich ihn nicht nach Maui begleitet, wäre er dann mit einer anderen hingereist? Wird er mich jemals heiraten?*

Die dem zugrunde liegende Frage lautete wohl: *Bedeute ich ihm wirklich etwas? Liebt er mich?* Aber auch das war noch nicht das Kernproblem. Alle diese Gedanken zeugten von Vanessas Unsicherheit und besagten letztlich: *Ich bin unsichtbar. Ich bin wertlos. Ich bin vollkommen austauschbar.*

Wenn man sich auf das Negative konzentriert, wie Vanessa es damals tat, wird das Leben schlimmer. Konzentriert man sich dagegen auf das Positive, wird das Leben besser. Gewiss mag Ron arrogant gewesen sein, aber welche Gedanken wurden ihm von Vanessa übermittelt? Was gab es da für ihn zu lieben? Oder präziser: Welche Person sollte er lieben? Wenn Vanessa sich selbst nicht genügte, wie konnte sie ihm da genügen?

Wir wünschten, wir könnten berichten, dass Ron und Vanessa auf Maui eine wundervolle Zeit verbrachten, aber so war es nicht. Vanessa wurde zu ihren Unsicherheiten, verkörperte sie geradezu. Und Ron wurde noch unnahbarer. Nach der Rückkehr von der Reise hoffte er, dass ihr Leben sich wieder normalisieren würde, doch Vanessas Unsicherheitsgedanken plagten sie auch weiterhin. Immer wieder sagte sie sich: *Ich wette, er hat hier schon mit anderen Frauen zusammengelebt.* Dieser Gedanke suchte sie so oft heim,

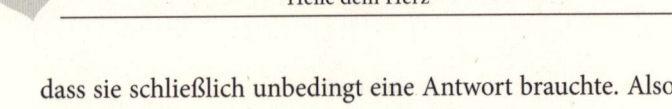

dass sie schließlich unbedingt eine Antwort brauchte. Also fragte sie ihn ziemlich barsch: »Hast du hier schon mit anderen Frauen zusammengelebt?«

Wieder antwortete Ron aufrichtig. »Ja. Aber welchen Unterschied macht das? Jetzt bist du hier.«

»Ich musste es einfach wissen«, sagte sie. Aber ein paar Tage später fragte sie: »Haben sie mit dir Schluss gemacht oder du mit ihnen?« Ihr Fokus lag jetzt nicht mehr darauf, in der Beziehung zu *sein*, sondern auf dem *Ende* der Beziehung. Sie lebte ihr Leben nicht; sie trauerte bereits.

Ron erkannte, dass seine Versuche, sie zu ermutigen, sinnlos waren. Er spürte die Abwärtsspirale von Vanessas Leere und Bedürftigkeit. Und so sprach er schließlich die negativen Worte aus, die sie längst erwartet hatte: »Vanessa, ich denke, du solltest ausziehen.« Mit ihren negativen Affirmationen hatte sie selbst herbeigeführt, was sie am meisten fürchtete.

Sie flehte ihn an, seine Meinung zu ändern, doch seine Entscheidung stand fest. Furchtbar wütend packte sie ihre Sachen und ging. Offenbar war es genau so, wie sie die ganze Zeit vermutet hatte: Sie war für ihn einfach nur eine von vielen gewesen, eine seiner vielen Eroberungen. Weiter nichts.

In den folgenden Tagen versank Vanessa in einer tiefen Dunkelheit. Ihre Trauerphase über das Ende der Beziehung wurde nun von all den negativen, unsicheren Gedanken beherrscht, die sie in die Beziehung mitgebracht hatte. Immer noch voller Wut zog sie bei Yvonne, einer alten Freundin, ein.

Nach ein paar Tagen sagte Yvonne zu ihr: »Du solltest dir mal selber zuhören! Ich kann verstehen, warum er nicht mehr mit dir zusammen sein will. Du willst ja selber nicht mit dir zusammen sein! Du hast kein Selbstwertgefühl. Du beschreibst dich selbst so, wie er dich gesehen hat. Wer bist du? Weißt du das überhaupt?«

Noch immer in ihren negativen Affirmationen gefangen, schwor sich Vanessa, dass sie Ron dazu bringen würde, sie zu vermissen. Und sie wusste auch schon, wie sie das erreichen würde. Sie hatte immer noch einen Schlüssel zu seinem Haus und wusste, dass der Mittwoch sein arbeitsreichster Tag war. Während er in seiner Praxis die ersten Patienten behandelte, fuhr sie zu seinem Haus und schloss die Tür auf.

Sie wusste, dass er sich beklagt hatte, wie kalt sich sein Bett jedes Mal in der ersten Nacht anfühlte, wenn das Wasser frisch gewechselt worden war. Also ließ sie das Wasser aus dem Bett ab. Während der nächsten Stunden saß sie dort am Bett, sah zu, wie das Wasser ablief, und dachte daran, wie einsam und kalt er sich in dieser Nacht fühlen würde. Dann würde er bestimmt wollen, dass sie zu ihm zurückkam. Als das Bett entleert war, füllte sie frisches Wasser ein. Dann machte sie ihm das Bett, als sei nichts geschehen, und ging.

Am nächsten Morgen dachte sie, dass er sie in der Nacht bestimmt schrecklich vermisst hatte. Sie saß neben dem Telefon und wartete auf seinen Anruf. Als sie nachmittags um vier noch immer nichts von ihm gehört hatte, rief sie, sehr irritiert und enttäuscht, in seiner Praxis an. Er war selbst am Telefon, und sie fragte, wie er sich fühle.

»Prima«, erwiderte er. Er klang distanziert und abweisend.

Frustriert fragte sie: »Und wie hast du geschlafen?«

»Prima.«

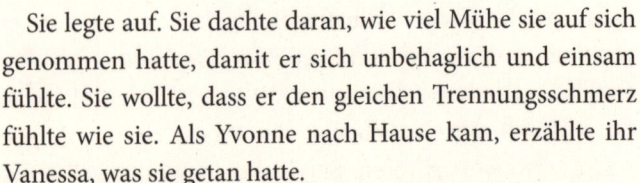

Sie legte auf. Sie dachte daran, wie viel Mühe sie auf sich genommen hatte, damit er sich unbehaglich und einsam fühlte. Sie wollte, dass er den gleichen Trennungsschmerz fühlte wie sie. Als Yvonne nach Hause kam, erzählte ihr Vanessa, was sie getan hatte.

»Vanessa«, sagte ihre Freundin, »siehst du nicht, wohin dein Denken dich gebracht hat? Du verschwörst dich mit seinem Wasserbett gegen ihn, damit er dich vermisst. Aber der Schlüssel ist: Wer bist *du* in dieser Situation? Was war Großartiges an dir, weswegen er dich nun vermissen sollte? Wo war in eurer Beziehung dein Lachen, dein Lächeln, dein exzellentes Stilgefühl? Deine Liebe zu Brettspielen? Deine warmherzige Persönlichkeit? Erst hast du dich für ihn völlig unsichtbar gemacht und dann hast du ihm vorgeworfen, dich nicht zu sehen oder dich für austauschbar und belanglos zu halten. Und nun hast du dich wie ein albernes Schulmädchen aufgeführt, das seinem Freund das Wasser aus dem Bett lässt, damit er es vermisst. Niemand wird über *dich* nachdenken und darüber, wie wundervoll du bist, solange du selbst es nicht tust.«

Was Yvonne sagte, brachte Vanessa endlich dazu, dass sie zum ersten Mal ihr negatives Denken bewusst unter die Lupe nahm. Sie wusste, dass die Aktion mit dem Wasserbett einfach lächerlich war, aber bisher hatte sie den Zusammenhang zu ihren Denkmustern nicht gesehen. Jetzt wurde ihr klar, dass sie selbst die Verantwortung für ihren Schmerz und ihr Leben übernehmen musste. Wenn sie nicht zu sich stand und an sich glaubte, würde es auch sonst niemand tun.

Ein paar Jahre vergingen, während denen Vanessa über ihren Platz in der Welt nachdachte, und zwar nicht als Arztfrau oder überhaupt als Ehefrau. Sie engagierte sich, einfach weil sie Lust dazu hatte, in verschiedenen ehrenamtlichen Projekten und fand heraus, womit sie sich wirklich gerne beschäftigte, statt ihr Leben an den Wünschen potenzieller Ehemänner auszurichten. Sie fing an, ihr Leben als einen Samen zu betrachten, der von ihr selbst gehegt und gepflegt werden musste, statt es als Rankpflanze zu sehen, die an der Wand eines anderen Menschen emporwächst. Sie erkannte, dass ihre Fixierung auf den Beziehungspartner sie von der wahren Arbeit in jeder Partnerschaft ablenkte – der Arbeit an sich selbst.

Nachdem sie ein paar Jahre an sich gearbeitet hatte, lernte sie Hank kennen, einen großartigen Mann, der Vanessa so liebte, wie sie war. Der Wasserbett-Vorfall war nun nichts weiter als eine Geschichte, die Vanessa gelegentlich auf einer Party erzählte. Oft beendete sie die Geschichte so: »Wenn ihr negativ denkt, endet ihr damit, dass ihr einen ganzen Tag damit vergeudet, jemandem das Wasser aus seinem Bett abzulassen. Wenn ihr gute Gedanken denkt, werdet ihr glücklich. Und ihr schlaft dann auch viel besser.«

Dass ich so voll von dir bin, zeigt, wie leer ich bin – dieser Satz bringt es auf den Punkt. Die einzige Person, auf die wir uns alle konzentrieren müssen – die einzige, an der wir wirklich arbeiten können –, ist die, die uns aus dem Spiegel anblickt. Die wahre Arbeit findet immer in uns selbst statt.

Am Ende erkannte Vanessa, dass es ihr nicht einfach darum gegangen war, Ron den Schmerz fühlen zu lassen, den sie selbst empfand. Es ging darum, dass sie sich in seiner Gegenwart allein und vernachlässigt gefühlt hatte. Und, was noch wichtiger war, sie erkannte, wie sehr sie sich selbst vernachlässigt hatte. Dass sie sich auf ihren Schmerz und ihre Trauer einließ, ermöglichte es ihr, dieses Gefühl der Vernachlässigung zu erforschen, ihm mit Verständnis und Liebe zu begegnen und es schließlich zu heilen. Und genau darum geht es, wenn wir auf gute Weise trauern.

Wenn Sie anfangen, Beziehungen anders zu betrachten, werden Sie erkennen, dass jede ihren eigenen Rhythmus hat. Manche dauern ein Leben lang, andere ein paar Jahrzehnte, manche nur wenige Jahre und manche lediglich einige Monate. Darüber lässt sich nicht urteilen. Und ganz gleich, wie lange Sie mit einem Menschen zusammengelebt haben, wenn die Beziehung endet, verdient sie es, dass Sie sich Zeit für den Trauerprozess nehmen. Das gibt Ihnen nach einer Trennung die Möglichkeit, zu ergründen, welche von Ihren Denkmustern gesund und welche ungesund sind.

Manche Menschen sind erstaunt, wenn ihnen während des Trauerprozesses bewusst wird, wie stark ihr innerer Dialog von negativen Affirmationen durchsetzt ist. Doch diese Augenblicke der Erkenntnis können uns wahre Liebe und Heilung ein großes Stück näherbringen. Wir erkennen, vielleicht zum ersten Mal, dass die Art, wie wir um eine Partnerschaft trauern, offenbart, wie wir uns in dieser Partnerschaft verhalten haben.

Sobald uns unsere negativen Affirmationen bewusst werden, können wir sie in positive umwandeln und damit unser Leben und zukünftige Liebesbeziehungen neu gestalten.

Die falsche Person kann die richtige sein

Wenn eine Beziehung scheitert, glauben viele von uns, dass sie Zeitverschwendung war. Sie betrachten diese Monate oder Jahre als vertan und sinnlos. Aber in Wirklichkeit ist jede Beziehung eine einzigartige und wertvolle Erfahrung, ob sie nun eine Woche, einen Monat oder ein Jahrzehnt dauert.

Als Marissa dreißig wurde, war sie immer noch Single. Sie hatte zwei Beziehungen hinter sich, in denen sie sich schrecklich vernachlässigt gefühlt hatte, und nun beschloss sie, Eigeninitiative zu entwickeln und ihr Schicksal selbst in die Hand zu nehmen. Sie meldete sich bei einem beliebten Online-Dating-Service an und schaute täglich nach, ob jemand ihr »zugezwinkert« hatte, mit ihr »flirten« wollte oder eine E-Mail eingetroffen war.

Sie beschloss, sich mit jedem Mann zu treffen, der aktives Interesse an ihr zeigte. Also ergaben sich zahlreiche Verabredungen in Restaurants, Cafés und Bars. Als sie dann beruflich an einer Konferenz in einem anderen Bundesstaat teilnehmen musste, bemerkte sie auf dem Rückflug, dass der Mann neben ihr sich sehr für sie interessierte.

Höflich stellte er sich vor. »Ich bin Will.«

»Mein Name ist Marissa.«

Während der nächsten Stunde waren sie ins Gespräch vertieft. Marissa gefiel seine Energie, und als durchgesagt wurde, dass bald das Anschnallzeichen aufleuchten würde, ging Marissa eilig auf die Toilette, um sich frisch zu machen. Sie betrachtete ihr Gesicht im Spiegel und zog in Erwägung,

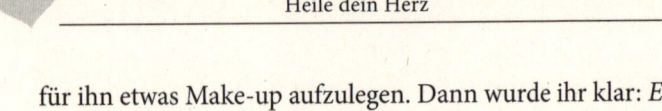

für ihn etwas Make-up aufzulegen. Dann wurde ihr klar: *Er hat mich doch bereits ohne Make-up gesehen, und offenbar gefalle ich ihm.*

Als sie zu ihrem Platz zurückkehrte, sagte Will: »Sie würden mir eine große Freude machen, und ich hoffe, es ist auch für Sie eine Freude, wenn Sie mit mir zu Abend essen.«

Sie lächelte und sagte: »Ich möchte Ihnen auf keinen Fall das Vergnügen vorenthalten, große Freude in mein Leben zu bringen.«

»Wie wäre es morgen Abend?«

Es gefiel ihr, dass er so schnell aktiv wurde. Er schlug sogar die Uhrzeit und das Restaurant vor.

Während des Abendessens am folgenden Tag unterhielten sie sich wie alte Freunde. »Ich möchte dich gerne wiedersehen«, sagte Will. »Würdest du morgen Abend zum zweiten Mal mit mir essen gehen?«

Sie willigte ein. Am Ende des Abends sagte er: »Wie du dir sicher denken kannst, möchte ich mich wieder mit dir verabreden. Wann hast du Zeit?«

Marissa antwortete: »Sich gleich an drei Abenden hintereinander zu verabreden, scheint zu viel des Guten und würde gegen alle Dating-Regeln verstoßen. Lass es uns trotzdem tun.«

Die Intimität war großartig. Seine Gesellschaft war großartig. Und ja, der Sex war großartig. Marissa hatte das deutliche Gefühl, endlich »ihn« gefunden zu haben, den Mann, auf den sie wartete. Am Donnerstagabend fragte sie: »Was hast du am Wochenende vor?«

»Ich bin Berater für gemeinnützige Organisationen«, sagte Will. »An diesem Wochenende leite ich ein Seminar für Führungskräfte in diesem Bereich. Ich komme erst spät am Sonntagabend zurück.«

»Wo findet das Seminar denn statt?«, fragte Marissa. »Könnte ich nicht mitkommen und mir ein paar Spa-Behandlungen gönnen, während du arbeitest?«

»Aber das wird wirklich ein sehr stressiges Wochenende«, sagte Will. »Ich muss an allen möglichen Besprechungen und Essen teilnehmen und hätte gar keine Zeit für dich.«

Die Enttäuschung fühlte sich an wie ein schmerzhafter Stich in den Bauch. Aber Marissa gab sich Mühe, ihre Gefühle zu verbergen. Am liebsten hätte sie zu ihm gesagt, dass sie doch dann wenigstens in der Nacht miteinander schlafen könnten. Aber sie fühlte, dass sie damit den Bogen überspannt hätte.

»Ich rufe dich am Montagmorgen an, wenn ich wieder in der Stadt bin. Dann können wir weiter planen«, sagte er.

Marissa ging wie auf Wolken und dachte nur an ihn. Sie ließ ihre Mitgliedschaft bei dem Dating-Service ruhen.

Am Samstag traf sie sich mit ihren besten Freundinnen zum Abendessen und erzählte ihnen von Will. Eine Freundin sagte: »Geh es langsam an. Du kennst ihn ja noch gar nicht richtig.« Eine andere meinte: »Treff dich nicht jeden Abend mit ihm und sag nicht immer sofort Ja. Männer mögen es, wenn eine Frau nicht so leicht zu erobern ist.« Und die letzte Freundin sagte: »Seid nicht so zynisch! Lasst ihr doch das Vergnügen, solange sie mit den Füßen auf der Erde bleibt.«

Marissa hörte einfach zu und lächelte unbeirrt. Sie hatte das Gefühl, dass die Sache mit Will sich wirklich gut anließ. Am Montagmorgen konnte sie das Telefon nicht aus der

Hand legen. Als er um 11.30 Uhr endlich anrief, war sie ein nervliches Wrack.

»Hast du bald Zeit für mich?«, fragte Will.

»Gleich heute Abend«, antwortete sie.

Sie lachten beide. Ihr Schmerz verflog, denn was konnte es Schöneres geben, als diesen Abend mit Will zu verbringen? Und sie sahen sich auch an allen folgenden Abenden der Woche, bis er dann am Donnerstag wieder sagte, er müsse am Wochenende beruflich verreisen. »Es kommt selten vor, dass ich an zwei Wochenenden hintereinander zu diesen Seminaren fliegen muss, aber die Vorstände legen sie nun einmal gerne aufs Frühjahr.«

Am Montag wartete Marissa also wieder auf seinen Anruf. Als er sich am Mittag immer noch nicht gemeldet hatte, rief sie ihn an. Da er nicht ans Handy ging, hinterließ sie eine Nachricht auf seiner Mailbox. Um zwei und um vier Uhr rief sie wieder an und hinterließ Nachrichten. Sie fing an, sich große Sorgen zu machen, zwang sich aber zur Ruhe. *Bestimmt hat das Seminar länger gedauert als vorgesehen*, dachte sie. Aber als er auch am Dienstag nicht anrief, bekam sie es wirklich mit der Angst zu tun. War ihm etwas zugestoßen? Ging es ihm gut? Vielleicht hatte er ja sein Handy verloren? Aber dann hätte er sich doch von jemandem das Handy leihen und sie damit anrufen können.

Als sie am Dienstagabend seine Handynummer wählte, hörte sie die Ansage: »Für diese Rufnummer ist keine Mailbox aktiviert.« Jetzt war Marissa wütend. Sie rief eine Freundin an und berichtete, was geschehen war.

»Puh«, sagte ihre Freundin. »Ich finde, du solltest vorsichtiger sein. Du kennst diesen Typen doch kaum.«

Als sie am Donnerstagabend mit anderen Freundinnen ausging, drängten diese Marissa, sich ernsthaft mit den Tatsachen auseinanderzusetzen. Eine von ihnen fragte: »Warst du schon bei ihm zu Hause?«

»Das hatten wir demnächst vor«, antwortete Marissa, »jedoch er sagte, dass ein Gentleman eine Lady immer abholen sollte. So endeten wir stets bei mir zu Hause.«

»Na, ein *verheirateter* Mann wird eine Frau, mit der er sich amüsieren will, immer bei ihr zu Hause abholen.«

Marissa war bestürzt über diese Anschuldigung. »Will ist doch nicht verheiratet!«

Die Freundin schaute sie einen Moment an und sagte dann: »Überleg doch mal. Er ist an den Wochenenden nie hier, weil er dann bei seiner Familie ist. Und jetzt hat er sich verkrümelt, weil ihm klar geworden ist, dass die Sache keine Zukunft hat.«

»Wenn er wirklich verheiratet ist«, sagte eine andere Freundin, »hat er vielleicht erkannt, dass er dich sehr mag, aber dass es für alle Beteiligten das Beste ist, wenn er es frühzeitig beendet.«

Marissa empfand dieses Zusammensein mit ihren Freundinnen als wenig tröstlich und ging früh nach Hause. Sie hoffte, eine Nachricht von Will auf dem Anrufbeantworter ihres Festnetztelefons zu finden, aber dem war nicht so.

Während der nächsten Woche erwartete sie, endlich von ihm zu hören, und sei es nur, dass er ihr Lebewohl sagte. Nach weiteren Wochen war aus ihrem Ärger heftige Wut darüber geworden, was Männer doch für Mistkerle sein können. Sie zweifelte an ihren eigenen Gefühlen und hatte den Eindruck, auf einen Betrüger hereingefallen zu sein.

Noch nach Wochen ertappte sie sich dabei, dass sie gelegentlich seine Handynummer wählte, aber dann kam letztendlich die Durchsage, die Nummer sei nicht länger vergeben. Marissa gelangte zu dem Schluss, dass Will offenbar wirklich verheiratet sein musste. Warum sollte er sonst so weit gehen, sogar seine Handynummer zu ändern? Wenn er verheiratet war, hätte einer ihrer Anrufe seine Ehe zerstören können. Ihre Freundinnen hatten recht, und sie war viel zu leichtgläubig gewesen. Das Geheimnis, das Will umgab, ließ ihr keine Ruhe. Hatte er eine Familie? Was war er nur für ein Mensch, dass er Marissa so behandelte? Sie wurde regelrecht besessen davon, herausfinden zu wollen, was mit Will geschehen war und warum er sich so verhalten hatte. Je mehr sie über ihn nachdachte, desto unglücklicher und einsamer fühlte sie sich.

Marissa vergrub sich zu Hause, wurde depressiv und verbittert. Noch nie zuvor hatte sie sich so allein gefühlt. Doch nach ein paar Wochen dämmerte ihr plötzlich eine Erkenntnis: Warum leide ich fünf Wochen lang wegen acht Dates in zwei Wochen? Sie dankte Gott, dass die Sache sich nicht über Monate hingezogen hatte. Dann hätte sie vermutlich Jahre gebraucht, um sich davon zu erholen. Ihr wurde klar, dass sie Will längst mehr gegeben hatte, als er verdiente. Und noch wichtiger war die Einsicht, dass der Schmerz, den sie empfand, unmöglich nur auf diesen einen Mann zurückzuführen sein konnte.

Sechs Wochen später meldete sich Marissa wieder bei dem Dating-Service an. Ihre Freundinnen freuten sich darüber, rieten ihr aber, die Dinge langsam anzugehen und sich selbst nicht unnötig unter Druck zu setzen.

»Ich habe sechs Wochen lang getrauert«, sagte Marissa. »Ich fühlte mich so allein. Immer habe ich mich von Männern im Stich gelassen gefühlt. Aber das will ich nicht mehr. Ich habe den Eindruck, dass meine Verlustgefühle sehr wenig mit meinen Männerbekanntschaften zu tun haben.«

Eine ihrer Freundinnen sagte: »Du musst nicht mit Männern ausgehen, wenn du keine Lust dazu hast.«

Marissa erwiderte: »Nicht dass ich mit Männern ausgehe, um einen Partner zu finden, muss sich ändern. Es geht darum, wieso ich mich ständig einsam und allein gelassen fühle. Seltsamerweise war das mit Will eine Lehre für mich. Ich war mir sicher, er wäre der Mann, den ich mir immer gewünscht hatte. Jetzt erkenne ich, wie ich mich verhalten habe und was ich in solchen Situationen denke. Aber inzwischen arbeite ich an mir und meinem Denken.«

Damit meinte sie die innere Arbeit und die Affirmationen, die sie inzwischen anwendete.

Früher hatte sie auch täglich Affirmationen benutzt, aber diese waren meistens negativ gewesen: *Ohne Will fühle ich mich unvollständig. Ich brauche jemanden wie ihn an meiner Seite. Ich bin nur glücklich, wenn ich in einer festen Beziehung lebe.*

Doch jetzt bearbeitete sie dieses negative innere Muster mit folgenden neuen Affirmationen, die sie für sich entdeckt hatte, als sie etwas gegen ihren Verlustschmerz unternehmen wollte:

Ich bin stets für mich da.

Männer kommen und gehen, aber ich werde mich immer lieben und gut für mich selbst sorgen.

Wir wissen nicht, warum Will so plötzlich aus Marissas Leben verschwand, aber zweifellos wird auch er seine Lektion lernen müssen. Da er ihr Schmerz zufügte, könnte Marissa sich sagen:

Ich mache mir deswegen keine Sorgen, denn das Karma sorgt immer für einen gerechten Ausgleich.

Will geht seinen eigenen Lebensweg. Welche Entscheidungen er trifft, ist seine Sache.

Auch wenn das seltsam erscheinen mag: Für Marissa erwies sich die kurze Begegnung mit Will als Geschenk. Er war perfekt, um ihr ihren Umgang mit dem Alleinsein vor Augen zu führen, wodurch bei ihr ein Heilungsprozess möglich wurde. Und wir können davon ausgehen, dass sie auch für ihn in seiner momentanen Lebenssituation perfekt gewesen sein dürfte.

Natürlich könnte man einfach sagen, dass Marissa das Pech hatte, an einen Mistkerl zu geraten. Aber was würde das über das Universum aussagen? Hat es Marissa ganz zufällig einen gedankenlosen Typen geschickt? Warum? Nur damit sie sich schrecklich fühlt? Könnte es nicht einen Grund für diese Begegnung gegeben haben? Wenn dieses Universum allwissend und grenzenlos liebevoll ist – ständig nach mehr Heilung strebend –, dann muss es einen guten Grund dafür geben, dass Will zu Marissa gesandt wurde. Da sie bereit dafür war, die Erfahrung mit diesem Mann zu nutzen, um sich intensiv mit der Thematik des Alleinseins auseinanderzusetzen, erwies sich die scheinbar falsche Person als genau die richtige für Marissas Heilungsprozess. ❦

Menschen, die in einer intimen Beziehung leben, haben oft die gleichen Probleme, nur umgekehrt. Fällt es Ihnen schwer zu lieben, werden Sie einen Menschen in Ihr Leben ziehen, der ebenfalls Probleme mit Liebe und Nähe hat. Haben Sie Probleme im Umgang mit Macht und Stärke, wird das auch auf Ihren Partner zutreffen, wenn auch vielleicht in anderer Weise und nicht immer auf den ersten Blick erkennbar.

In einer Partnerschaft kann es vorkommen, dass die eine Person insgeheim Angst hat, schwach und unfähig zu sein. Um das zu kompensieren, verhält sie sich herrisch und kommandiert den Partner oder die Partnerin herum, und er oder sie lässt das mit sich machen aus Angst, die eigene Macht zu entdecken und zu gebrauchen. Oder ein Paar hat Suchtprobleme, wobei ein Partner suchtkrank ist und der andere coabhängig und ständig die Rolle des Retters übernimmt. Wenn Angst das gemeinsame Problem ist, geht der eine Partner oft damit so um, dass er sich wagemutig und furchtlos verhält, während der andere ängstlich und entscheidungsschwach ist. Gleich gesellt sich gern zu gleich, aber oft in dem Sinne, dass scheinbar »Gegensätzliches« sich anzieht. Mit anderen Worten, in einer Beziehung macht einer die Pfannkuchen, und der andere isst sie.

Taucht ein Problem auf, ist es dann typischerweise so, dass der eine Partner darüber reden und eine Lösung finden will, während der andere eher dazu neigt, passiv zu bleiben und abzuwarten, ob es sich nicht von selbst löst. Der aggressiver eingestellte Partner nervt dann den passiveren, und dessen »Weigerung«, sich mit dem Problem zu befassen, bringt wiederum die aktive Person auf die Palme. Aber in Wirklichkeit ergänzen sie einander in diesem Moment perfekt.

Unnahbar und bedürftig

Ein anderer Tanz, den wir miteinander tanzen, nennt sich »unnahbar und bedürftig«. Vielen Menschen machen Probleme zu schaffen, die mit dem Alleinsein oder dem Gefühl, im Stich gelassen zu werden, zu tun haben.

Doch ein anderes häufiges Thema ist der Umgang mit Macht und Kontrolle. Daher überrascht es nicht, dass manche Menschen sich in der Kindheit vernachlässigt, während andere sich zu sehr gegängelt und kontrolliert fühlten. Wenn sie aufwachsen, werden die einen *unnahbar* und die anderen *bedürftig*. Und es überrascht nicht, dass diese beiden sich gerne als Paar zusammenfinden. Das mag extrem klingen, aber viele von uns tragen ein bisschen von beidem, Unnahbarkeit und Bedürftigkeit, in sich.

Während ein sich vernachlässigt (bedürftig) fühlender Mensch oft Angst hat, dass sein Partner oder seine Partnerin ihn verlässt, fürchten Menschen mit Kontrollproblemen, in der Partnerschaft zu sehr kontrolliert und gefesselt zu werden. Da das Universum auf magische Weise diese beiden Menschentypen zusammenführt, damit sie sich gegenseitig heilen können, lernt die Person mit dem Bedürftigkeitsproblem letztlich, sich nicht selbst zu vernachlässigen, und die Person mit der Kontrollproblematik lernt, dass andere Menschen nicht wirklich Macht oder Kontrolle über sie ausüben können.

Menschen mit einer Kontrollproblematik reagieren gegenüber dem Partner häufig mit heftigen Wutausbrüchen und ziehen sich in sich selbst zurück, wodurch dann beim Partner dessen Bedürftigkeit aktiviert wird. Aber die Wahrheit ist, dass der übermäßige Kontrolle befürchtende Partner gar nicht wirklich kontrolliert werden kann. Er ist einfach ein Sklave seiner eigenen Vergangenheit und wird von ihr kontrolliert. Wenn diese Menschen in Konflikt mit anderen geraten und sich kontrolliert fühlen, leben sie meistens in der eigenen Vergangenheit. In Wirklichkeit haben sie also selbst die Kontrolle verloren – sie haben die Kontrolle über ihr Leben nicht an den Partner abgegeben, sondern an ihre Vergangenheit. Hilfreiche Affirmationen können hier lauten:

Niemand kann mich kontrollieren.
Ich bestimme selbst über mein Leben.

Wenn ich mich kontrolliert oder bevormundet fühle,
löse ich mich liebevoll von meiner Vergangenheit und
konzentriere mich auf die Gegenwart.

Ich bin frei zu tun, was immer ich will.

Ich habe in meinem Leben völlige Entscheidungsfreiheit.

Heilung finden Menschen mit einer Kontrollproblematik, wenn sie ihre eigene Freiheit erkennen und sich bewusst machen, dass es bei allen Erfahrungen Ursache und Wirkung gibt, dass die Ursache aber nicht bei ihrem Partner zu suchen ist. Es steht ihnen völlig frei, mit anderen Frauen oder Männern auszugehen, doch die Konsequenz könnte sein, dass ihre Partnerschaft stagniert. Vielleicht sind sie der Ansicht, dass der Partner nicht von ihnen erwarten sollte, an erste Stelle gesetzt zu werden. Aber das könnte dazu führen, dass er sie auch nicht an erste Stelle setzt, was sicherlich kein angenehmes Gefühl ist.

Das trifft auch auf die sich vernachlässigt fühlende Person zu. Wenn solche Menschen sich im Stich gelassen fühlen, wenden sie sich anderen zu in der Hoffnung, ihre Wunde so heilen zu können, wodurch dann ganz automatisch die Kontrollproblematik ihres Partners ausgelöst wird. Wenn ein Mensch mit einer Bedürftigkeitsproblematik sich im »bedürftigen« Modus befindet, lebt er ebenfalls in der Vergangenheit. Wenn er zulässt, dass ihn dieses Gefühl in der Partnerschaft beherrscht, wird er sich ganz zwangsläufig vom Partner oder der Partnerin vernachlässigt fühlen.

Hilfreiche Affirmationen können hier lauten:

Wirklich im Stich gelassen werden kann ich nur von mir selbst.

Ich bin immer für mich da.

Das Universum liebt mich und sorgt für mich.

Unnahbarkeit und Bedürftigkeit sind weit verbreitete Verhaltensmuster. In Wahrheit ist aber jede Beziehung perfekt dafür geschaffen, Heilung zu ermöglichen. Wenn eine Beziehung endet und Sie darüber trauern, können Sie sich entweder für die Heilung öffnen und sich weiterentwickeln oder Sie bleiben in Ihrem Leiden stecken. Die Beziehung ist vorbei, also ist es völlig natürlich, dass Sie Schmerz empfinden. Aber nehmen Sie sich einen Moment Zeit, um darüber nachzudenken, was Sie gelernt haben, damit Sie das Geschenk erkennen, das diese Beziehung für Sie war. Wenn Sie sich weigern, die Lektion zu lernen, werden Sie den gleichen Tanz mit einem anderen Partner wiederholen.

Wie man das
Geschenk einer Beziehung entdeckt

Barbara war Heilerin, als sie Craig, einem Verkaufslei-ter, begegnete. Sie war Ende dreißig und er ein paar Jahre älter. Er arbeitete für ein großes Unternehmen, betä-tigte sich aber nebenher als Astrologe. Es gefiel ihr, dass er ein ziemlich eigenwilliger Typ war und von einem anderen Leben träumte. Er hoffte, eines Tages als hauptberuflicher Astrologe arbeiten zu können, denn er hasste seinen Job, bei dem er den Leuten Dinge verkaufen musste, die sie nicht wirklich haben wollten oder brauchten. Er machte den Job nur, weil er damit die Familientradition fortgesetzt hatte.

Barbara war ein echter Freigeist. Sie hatte langes blondes Haar, in dem sich das Sonnenlicht fing. Craig sehnte sich nach ihrer Lebendigkeit, denn Barbaras Leben schien bunt und aufregend zu sein, während seines ihm grau und lang-weilig vorkam. Er fuhr einen Firmenwagen, und Barbara gefiel die Stabilität seines Lebens – die Tatsache, dass er jede Woche einen Gehaltsscheck bekam.

Aber Craig war unzufrieden mit seiner Situation und fest entschlossen, aus seiner Welt in ihre überzuwechseln. Bar-bara sagte ihm, diese Reise könne er am besten beginnen, indem er sich einen spirituellen Meister suchte. Diesen Meister fand Craig in Gestalt eines Indianers, der Nelken-zigaretten rauchte. Also fing auch Craig zu rauchen an.

Barbara war schockiert. Sie hatte eine tiefe Abneigung ge-gen das Rauchen und konnte nicht glauben, dass er damit angefangen hatte. Als sie ihm sagte, dass er im Haus auf keinen Fall rauchen dürfe, beharrte er darauf, wenigstens im

Arbeitszimmer zu rauchen. Diesem Kompromiss stimmte sie schließlich zu.

Auch fand er es folgerichtig, künftig auf seine Gehaltsschecks zu verzichten. Dass er von nun an »Nein« zur Geschäftswelt sagte, würde sicher seinen kreativen Fortschritt fördern. Craig glaubte, dass die Firma, für die er bisher gearbeitet hatte, ihm regelrecht das Leben aussaugte. Also kündigte er und verzichtete auf Firmenwagen und Gehalt. Er wollte als Astrologe seinen Lebensunterhalt verdienen, doch es kamen keine Klienten.

»Hast du denn eine Idee, wie du deine Astrologenkarriere aufbauen willst?«, fragte Barbara.

Er wusste es nicht. Er dachte einfach, dass der Große Geist schon Klienten zu ihm führen würde – dass seine Praxis sich ganz von allein entwickelte. Auch glaubte er, dass er keinen materiellen Besitz mehr benötigte. Schließlich konnte er ja Barbaras Wagen benutzen, sollte er irgendwohin fahren wollen. Doch sie hasste die Idee, von nun an für seine Mobilität zuständig zu sein.

Nachdem Craig eine ganze Nacht aufgeblieben war, um die astrologischen Ephemeriden zu lesen, sagte er zu Barbara: »Ich werde erst spät im nächsten Jahr Geld verdienen. So steht es in meinem Horoskop. Bis dahin werde ich mir also von dir Geld leihen müssen.«

Er bat sie nicht darum. Er verkündete es einfach als Tatsache, als könnte er in die Zukunft schauen. Barbaras Kreditkartenabrechnung kam, und das brachte das Fass endgültig zum Überlaufen. Ohne es zu wissen, hatte sie die ganze Zeit seinen Tabakkonsum finanziert. Das war eindeutig nicht mehr die Beziehung, die sie sich gewünscht hatte.

Sie kaufte Craig für 1200 Dollar einen Gebrauchtwagen und sagte: »Den schenke ich dir. Ich möchte, dass du ausziehst und deinen Traum lebst.«

Widerstrebend verließ er sie. Barbara fühlte sich betrogen und im Stich gelassen, obwohl sie ihn doch selbst fortgeschickt hatte. Sie hatte das Gefühl, von Craig schamlos ausgenutzt worden zu sein. Als Heilerin glaubte sie daran, dass in einer Partnerschaft zwei Menschen gemeinsam wachsen und sich weiterentwickeln, und sie verstand nicht, warum sie und Craig sich in unterschiedliche Richtungen entwickelt hatten. Seine spirituelle Suche hatte bei ihr dazu geführt, dass sie sich von ihm finanziell ausgenutzt fühlte. Barbara war aber auch wütend auf sich selbst, weil sie nicht schon viel früher ein Machtwort gesprochen hatte. Sie hatte die Warnzeichen, dass die Sache sich in eine falsche Richtung entwickelte, einfach ignoriert. Dass sie Craig so viel Freiraum gewährt hatte, lag auch daran, dass sie sich möglichst wenig in seine spirituelle Reise hatte einmischen wollen.

Nach ihrer Trennung sagte sie sich: *Was war ich für eine Idiotin!* Sie bombardierte sich mit der Frage *Wie konnte ich nur so dumm sein?*. Sie fing an, sehr viel Energie mit Selbstvorwürfen zu vergeuden, bis eine Freundin sich einmischte und sagte: »Du musst damit aufhören, Barbara. Du bist alles andere als dumm, aber im Moment tust du so, als wärst du lebens- und beziehungsunfähig, und das ist einfach nicht wahr!«

Barbara erkannte, dass ihre Idee, Menschen würden in Beziehungen gemeinsam wachsen, nur zur Hälfte zutraf. Alle Menschen wachsen und entwickeln sich – vielleicht gemeinsam, vielleicht jedoch auch nicht. Als Heilerin und spiritueller Mensch hatte Barbara den Fehler gemacht zu glauben, Wachstum bedeute immer, dass zwei Menschen aufeinander zuwachsen. Doch in Wahrheit wächst jeder Mensch seinem eigenen *höchsten Guten* entgegen.

Sie erkannte, dass ihre Beziehungen von ihrer Angst vor dem Alleinsein beherrscht gewesen waren, von der Angst, dass der Mann sie verlassen würde. Als sie nicht länger damit haderte, dass etwas schiefgelaufen war oder dass Craig sich als der Falsche erwiesen hatte, konnte sie sehen, welche Lektionen dieses Erlebnis für sie bereithielt. Sie erkannte, dass sogar das, was ihr als Fehlschlag erschien, heilsam und lehrreich sein konnte. Sie begriff, dass es ein Unterschied ist, ob man krampfhaft versucht, den eigenen Willen durchzusetzen, oder ob man zulässt, dass die Dinge sich gemäß einer höheren Bestimmung entfalten. Sie versucht jetzt, gemäß den folgenden Affirmationen zu leben:

Die Liebe lenkt alle meine Beziehungen.

Meine Beziehungen dienen meinem höchsten Wohl.

Alles ist gut in meinen Beziehungen.

Der Mensch, mit dem ich zusammenlebe,
kann mir etwas Wertvolles geben.

Jahre später fanden Barbara und Craig sich auf Facebook wieder. Sie hatte inzwischen ein Psychologiestudium absolviert und arbeitete als Psychologin mit eigener Praxis. Craig hatte es sich zur Aufgabe gemacht, Menschen auf das Überleben nach dem Weltende vorzubereiten, das seiner Ansicht nach 2012 stattfinden würde.

Im Rückblick erkannte Barbara deutlich, dass ihre damalige Beziehung nicht für die Ewigkeit bestimmt gewesen war. Ihre Begegnung hatte es ihnen ermöglicht, einen Eindruck von der Welt des anderen zu gewinnen und daraus zu lernen. Anschließend waren sie beide wieder ihrer individuellen Bestimmung gefolgt. Also hatte sie nicht versagt und Craig auch nicht. So sind Beziehungen nun einmal, auch wenn wir verzweifelt versuchen, ihnen eine Bedeutung und Tiefe beizumessen, die sie uns gar nicht geben können.

Wenn Sie sich nach dem Ende einer Beziehung auf die Suche nach einer neuen Liebe machen, sollten Sie daran denken, dass der Lehrer erscheint, sobald wir bereit für eine neue Lektion sind. Wenn es für Sie wieder an der Zeit ist, eine neue Beziehung zu beginnen, wird dieser »Jemand« in Ihrem Leben auftauchen.

Viele Menschen neigen dazu, sich völlig auf die Person zu fixieren, von der sie sich angezogen fühlen. Sie sind dann bis über beide Ohren verliebt und können an nichts anderes mehr denken. Aber in manchen Fällen werden diese Gefühle nicht erwidert. Denken Sie daran, dass wir immer eine Wahl haben. Wir können uns darauf versteifen, unbedingt diese eine Person »erobern« zu wollen, oder wir lassen sie liebevoll los und vertrauen auf die Weisheit des Universums.

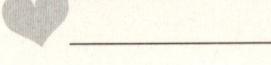

Märchendenken

Im Kino ist es oft so, dass die Hauptfigur sich unsterblich verliebt, diese Liebe aber nicht erwidert wird. Der Held oder die Heldin gibt aber nicht auf, und am Ende erkennt der oder die Angebetete – meistens bei einem großen öffentlichen Event, wo alle festlich gekleidet sind –, dass die Hauptfigur doch der Traumpartner ist. Aber im wirklichen Leben sagen die meisten: »Nein danke.« Oder: »Tut mir leid, aber du bist einfach nicht mein Typ.«

Wie denken Sie in einer solchen Situation? *Sie will mich nicht, aber eines Tages wird sie ihre Meinung ändern.* Oder vielleicht: *Ich werde ihn dazu bringen, mich zu lieben.* Oder: *Eines Tages bekomme ich ihn doch noch.* Können Sie nicht einfach die Wahrheit akzeptieren? Warum lassen Sie zu, dass Ihr Märchendenken die Situation manipuliert?

In einem solchen Moment fühlen Sie sich schlecht und sind enttäuscht, weil Ihre Liebe nicht erwidert wird. Können Sie diesen Schmerz akzeptieren und die Sache abschließen? Warum laufen Sie jemandem hinterher, der Sie nicht will? Warum wollen Sie Ihr Denken von dieser Bedürftigkeit beherrschen lassen?

Versuchen Sie es stattdessen mit diesen Affirmationen:

*Ein Mensch, der mich ebenso liebt wie ich ihn,
ist auf dem Weg zu mir.*

*Die Person, die für mich die richtige ist, und ich
werden harmonisch zueinander finden und
unsere gegenseitige Wertschätzung und Liebe
entdecken.*

Ich muss niemanden überzeugen, mich zu lieben.
Die Liebe wird die für mich richtige Person zu mir
führen.

Der Schmerz, den Sie nach dem Ende einer Beziehung fühlen, entsteht manchmal aus der irrigen Annahme, das Zerbrechen der Beziehung sei ein Misserfolg, ein persönliches Scheitern, und Ihr Leben laufe in die falsche Richtung. Natürlich schmerzt nach einer Trennung das Alleinsein, doch wenn Sie sich nur darauf konzentrieren, werden Sie sich umso schlechter fühlen. Erkennen Sie die schmerzhaften Gefühle an, aber seien Sie offen für positivere Gedanken.

Schauen Sie sich Ihren Schmerz an, und fragen Sie sich: *Wenn alles sich so entfaltet, wie es soll, was fühle ich dann außer dem Schmerz noch?*

Wenn Sie es schaffen, sich innerlich von dem Trennungsschmerz zu lösen, können Sie dahinter nach alten Wunden forschen und sich endlich von ihnen befreien. Vermutlich werden Sie ein altes Muster wiedererkennen, ein Gefühl der Einsamkeit und Vernachlässigung, das in Ihrem Leben häufig wiederkehrt – vielleicht ausgelöst durch das Verhalten eines Elternteils in Ihrer frühen Kindheit oder dadurch, dass Ihre erste große Liebe Sie abwies. Die Heilung dieser inneren Wunden ist keine Garantie dafür, dass Ihre nächste Beziehung problemlos verlaufen wird. Aber vielleicht gelangen Sie zu der Erkenntnis, dass Beziehungen niemals wirklich scheitern.

Wenn es Ihnen sehr schwerfällt, eine Beziehung auf gute Weise zu beenden, stehen Sie damit nicht allein. Viele Menschen haben zwar schon Trennungserfahrungen hinter sich,

doch sie lernen nur selten, wie man eine Beziehung gut abschließt.

Jede Beziehung kommt zu uns, weil unsere Heilung durch
sie vorangebracht wird. Der Schmerz nach dem Ende einer
Beziehung öffnet uns ein Fenster, durch das wir unsere
Wunden erkennen können. Wir können die Wunden heilen
und neu beginnen. Jede Beziehung gibt uns Gelegenheit,
uns mit unseren Ängsten und unserer Wut auseinanderzusetzen. Aber noch wichtiger ist, dass sie uns die Chance gibt,
authentischer Heilung und wahrer Liebe Schritt für Schritt
immer näher zu kommen.

Letztlich sind Beziehungen mit ihren geheimnisvollen
und wunderbaren Kräften Wegweiser für uns. Sie lehren
uns, die Partnerin oder den Partner zu lieben und zu ehren –
und ebenso uns selbst. Möglicherweise verhelfen sie uns niemals zu dem lang anhaltenden emotionalen Wohlbefinden,
das wir uns von ihnen erhoffen, aber der Schmerz am Ende
einer Beziehung erinnert uns daran, dass wir nicht minderwertig oder unvollständig sind, und kann uns zu echter Heilung hinführen. Liebevolle Beziehungen regen uns dazu an,
unsere materiellen, egoistischen Ziele hinter uns zu lassen.
Wir fragen uns nicht mehr, wer uns lieben wird und für wie
lange. Wir transzendieren alle Trennungen und Brüche und
entdecken die Magie einer göttlichen Liebe, die von einer
Macht, die größer ist als wir, ganz für uns erschaffen wurde.

Viele Male erleben wir, dass eine Beziehung nicht unsere
Erwartungen erfüllt. Dann ist es leicht, diese Person oder
die Beziehung als falsch oder fehlerhaft zu beurteilen und
zu sagen: *Es war Zeitverschwendung, mich mit diesem Menschen einzulassen.*

Doch das Universum kennt keine Verschwendung. Wenn das Universum Ihnen einen wunderbaren, überaus liebevollen Menschen schickt, Ihr Bewusstsein aber noch nicht reif für eine solche Erfahrung ist, dann war dieser Mensch zu diesem Zeitpunkt einfach nicht der richtige Partner für Sie. Dennoch war er, war die Beziehung, die Situation für Sie eine perfekte, göttlich arrangierte Heilerfahrung. Wenn Sie akzeptieren, dass diese Frau oder dieser Mann in dieser Phase Ihres Lebens genau richtig für Sie war, pflanzen Sie damit eine heilige Saat, die Ihnen auf Wegen, die Sie sich noch gar nicht vorstellen können, Heilung bringen wird.

Das Universum schickt mir immer die richtigen Menschen und die richtigen Lernerfahrungen.

Glücklichsein ist meine Bestimmung.

Alle Menschen und Situationen dienen meinem höchsten Guten.

Die Liebe in uns entdecken

Sicher haben Sie schon oft von Selbstliebe gehört – dass die größte Liebe in Ihnen selbst wohnt. Daher wollen wir uns jetzt etwas Zeit nehmen, um zu ergründen, was es mit der Selbstliebe auf sich hat.

Vielleicht fragen Sie sich, warum wir in einem Kapitel, in dem es um das Ende der Beziehung zu einem anderen Menschen geht, über die Selbstliebe schreiben. Es gibt nach einer Trennung Traurigkeit und oft auch Einsamkeit, die anerkannt und geehrt werden müssen, aber dahinter tut sich oft eine Leere auf, die viel weitreichender ist als die Lücke, die durch das Ende einer Partnerschaft entsteht. Der Schmerz geht häufig viel tiefer. Diese Leere, die uns überwältigt, erklärt sich nicht allein daraus, dass unser bisheriger Partner gegangen ist, sondern aus einem Mangel an Selbstliebe.

Stellen Sie es sich wie einen großen Tank vor: Wenn Ihr Tank völlig leer ist und dann jemand kommt und ihn mit Zuneigung und Zärtlichkeit füllt, spüren Sie, wie ganz viel Liebe in Ihr Leben strömt. Doch Sie spüren außerdem eine verzweifelte Bedürftigkeit, weil der Füllstand Ihres Tanks dramatisch schwankt, je nachdem, wie es gerade um Ihre Partnerschaft bestellt ist. Wenn der Partner Sie verlässt, bleiben Sie mit leerem Tank zurück, und diese Leere ist herzzerreißend.

Aber wie wäre es, wenn Sie Ihren eigenen Liebesvorrat hätten? Dann würde ein Mensch, der in Ihr Leben tritt, diesen Vorrat lediglich ergänzen. Wie anders sähen dann Ihre Beziehungen aus?

Ihr Schmerz ist wie ein Messinstrument, das Ihnen anzeigt, wie es um Ihre Selbstliebe bestellt ist.

Auf einer Singleparty traf Naomi einen interessanten Mann namens Gary. Es gefiel ihr, dass sie sich dort begegnet waren, denn so war sofort klar, dass er auf der Suche nach einer Frau war – denn darum ging es bei dieser Party. Während der folgenden drei Wochen gingen sie mehrfach zusammen aus, und Gary gefiel Naomi immer besser. Sie hatte keine Pläne für eine langfristige Beziehung, sondern genoss einfach ihre gemeinsame Zeit.

Im Kino trafen sie zufällig ein mit Naomi befreundetes Paar, das vorschlug, am Samstag zusammen tanzen zu gehen. Man verabredete sich in einer örtlichen Diskothek, und alle hatten eine schöne Zeit. Das andere Paar schoss ein paar Erinnerungsfotos mit dem Handy. Es bat Naomi, ein Foto von ihm zu machen. Dann holte Naomi ihr Smartphone aus der Tasche und bat darum, mit Gary fotografiert zu werden. Während sie für das Foto posierten, legte Gary die Arme um Naomi, und sie fühlte plötzlich eine intensive Liebe zu ihm. Ihre Freundin sagte: »Noch ein Bild, nur um sicherzugehen«, und Naomi schmolz in Garys Armen dahin.

Am nächsten Morgen zeigte Naomi die Fotos anderen Freundinnen, die sagten: »Ihr beiden habt euch ja prächtig amüsiert.« Naomi dachte an die Liebe, die sie empfunden hatte, als Gary seine Arme um sie gelegt hatte. Sie machte sich bewusst, wie sehr ihre jetzige Wahrnehmung sich davon unterschied, was sie zehn Jahre zuvor in einer solchen Situation gedacht hätte. Damals hätte sie gesagt: »Eine solche Liebe habe ich noch nie empfunden. Gary ist wundervoll. Er muss der Mann meiner Träume sein!«

Doch inzwischen lag viel innere Arbeit hinter ihr. Sie hatte gelernt, dass Gary keine unglaubliche, einzigartige Liebe für sie bereithielt, die für sie nur verfügbar war, wenn sie ihn an ihrer Seite hatte. Sie wusste, dass er lediglich die Liebe aktivierte, die sie bereits jetzt in sich trug. Es war nicht so, dass seine Umarmung Liebe von ihm zu ihr fließen ließ. Vielmehr hatte sie selbst unbewusst die Entscheidung getroffen, tiefe Liebe zu fühlen.

Auch sagte Naomi ihr Verstand, dass Gary zwar ein sehr sympathischer Mann war, sie aber nach drei Wochen unmöglich sagen konnte, ob sie in ihm die größte Liebe ihres Lebens gefunden hatte.

An diesem Punkt fragen Sie sich vielleicht, ob denn nun Naomis und Garys Beziehung von Dauer war. Sie gingen auch weiterhin aus, und aus Naomis Sicht geschah das auf sehr vernünftige Weise. Sie vermied es bewusst, wieder in eine Falle zu tappen, die Teil ihrer alten Verhaltensmuster war. Früher hätte sie gedacht, den tollsten Mann aller Zeiten kennengelernt zu haben, den einen Mann auf der Welt, der den Schlüssel zu ihrem Herzen in Händen hielt. Sie hätte eine große Bedürftigkeit empfunden und sich abhängig von seiner Liebe gefühlt … doch nun wusste sie es besser.

Diese Geschichte mag klischeehaft klingen, aber es gibt dort draußen niemanden, der die wahre Liebe in Ihr Leben bringen kann. Die wahre Liebe finden wir immer in uns selbst. Und Sie selbst entscheiden, bewusst oder unbewusst, ob Sie sich für diese innere Liebe öffnen.

Wenn Sie um eine zerbrochene Beziehung trauern, neigen Sie zu dem Glauben, mit diesem Menschen wäre die Liebe aus Ihrem Leben verschwunden und Sie wären nun leer und allein. Aber wir möchten Sie daran erinnern, dass Sie, trotz des erlittenen Verlustes, diese Liebe immer noch in sich tragen. Sie wartet auf Sie. Andere Menschen werden sie nicht für Sie finden, aber Sie können sie in sich entdecken, wenn Sie sich dafür öffnen.

Alle Liebe, die ich brauche, ist in mir.

Andere Menschen erinnern mich an die tiefe Liebe, die ich bereits in mir trage.

Die Vergangenheit heilen

Oft führt Ihr Geist Krieg gegen sich selbst. Er nutzt die Menschen und Situationen in Ihrem Leben dazu, in der Außenwelt Konflikte auszutragen, die eigentlich in Ihrem Inneren liegen. Zeiten der Trauer bieten Ihnen die Chance, zurückzublicken und Ihre Denkmuster zu hinterfragen. Aber, wie schon gesagt, es ist schmerzhaft und unproduktiv, wenn Sie einfach nur die Vergangenheit immer wieder neu durchleben. Wenn Sie den Mut aufbringen, sich Ihre Vergangenheit anzuschauen, ohne in die üblichen Muster aus Schuldzuweisungen, Kritik und Selbstvorwürfen zu verfallen, können Sie herausfinden, wie Sie gewohnheitsmäßig denken. Sie können dann entdecken, warum Sie sich immer wieder auf bestimmte Weise verhalten. So kann der Trauerprozess es Ihnen ermöglichen, nicht nur über das Ende einer Beziehung nachzudenken, sondern auch darüber, welche Muster in Ihnen überhaupt bewirkt haben, dass Sie diese Beziehung eingingen.

Unsere nächste Geschichte handelt von Sandy, die den Mut aufbrachte, wie eine neutrale Beobachterin ihre Vergangenheit anzuschauen. Sie erkannte, dass sie, soweit sie sich erinnern konnte, immer schon unglücklich gewesen war. »Ich nehme an, ich bin schon so zur Welt gekommen – auch wenn das sehr unwahrscheinlich klingt«, sagte sie. »Aber jedenfalls war ich schon als Kind nicht glücklich.«

Sandy fühlte sich immer als Opfer. Unwissentlich wiederholte sie ständig ein Muster, das sie veranlasste, ungesunde Beziehungen einzugehen, auf die dann immer lange Trauerphasen folgten. Ein Beispiel dafür ist die Trennung von Ben (der nie wollte, dass sie ihn als ihren Lebensgefährten bezeichnete). Diese Beziehung endete, als Sandy achtundzwanzig war.

Sandy wusste, dass sie, den gesellschaftlichen Normen entsprechend, als schön galt – eine hoch gewachsene, athletische, humorvolle und kluge junge Frau mit vielfältigen kulturellen Interessen. Ohne übertriebene Eitelkeit war sie sich darüber im Klaren, dass sie für Männer einen »guten Fang« darstellte.

Doch das änderte sich, als sie Ben begegnete. Plötzlich dachte sie, sie sei »unattraktiv und verdiene es nicht, geliebt zu werden«. Sie fühlte sich minderwertig. Sie glaubte, dass sie niemals glücklich sein und einen liebevollen Partner finden würde. Und wenn doch, dann würde die Beziehung nur von kurzer Dauer sein und schmerzhaft enden.

Sie erinnert sich: »Ich fühlte mich so kaputt. Ich beendete die Beziehung, weil Ben da bereits hinter einer anderen Frau her war, in die er sich Hals über Kopf verliebt hatte – eine Frau, die er ›seine große Liebe‹ nannte und mit der er bereit war, Dinge zu tun, auf die er sich mit mir nicht einlassen wollte.« Sandy hatte das Gefühl, das Leben würde ihr signalisieren, sie wäre nicht gut genug. »Wochenlang war ich praktisch ständig in Tränen aufgelöst. Ich grübelte darüber nach, was ich falsch gemacht hatte. Ich fragte mich, warum Gott und das Universum mich immer wieder bestraften. Verdiente ich denn nicht auch Liebe und Glück wie die anderen? Was war anders an mir? Mein Schmerz wurde schier unerträglich, und meine negative Einstellung hätte mich beinahe meinen Job gekostet.«

Und dann dämmerte ihr plötzlich die Erkenntnis. Sandy erkannte, wie attraktiv sie für Männer war – aber, noch wichtiger, es wurde ihr klar, wie leer, negativ und bedürftig es in ihr aussah. Sie dachte: *Ich hätte keine Lust, mit mir auszugehen. Ich würde meine Zeit nicht mit jemandem verbringen wollen, der in sich das Potenzial für so viel Gutes trägt, aber sich so wenig achtet und liebt und überhaupt kein Selbstvertrauen hat. Wenn ich schon nicht mit mir ausgehen möchte, warum sollte es dann sonst irgendjemand wollen?*

Es wurde ihr bewusst, dass es dringend an der Zeit war, die zu werden, die sie gerne sein wollte oder, genauer gesagt, die sie in Wirklichkeit war. Sie entdeckte mehrere Varianten einer bestimmten Affirmation, die sie von nun an täglich rezitierte. Sie sagte zu sich selbst:

Ich liebe mich.

Ich vergebe mir.

Ich löse mich liebevoll von allen früheren Erfahrungen.

Ich bin frei.

Sandy beschloss, diesen neuen Bewusstseinszustand aktiv handelnd einzuüben, auch wenn er sich zunächst »falsch« anfühlte. Sie verhielt sich so, wie ihrer Meinung nach eine »liebvolle Person« mit sich selbst umgehen würde. Das schien ihr eine viel bessere Entscheidung, als weiterhin ihre alten negativen Gedanken zu leben. Sie verhielt sich ganz ähnlich, wie es bei den Anonymen Alkoholikern heißt: »Es ist viel leichter, durch neues Verhalten das Denken zu ändern, als gemäß neuer Gedanken das Verhalten zu ändern.«

Dieses So-tun-als-ob erschien ihr sehr sinnvoll, da sie noch nicht in der Lage war, voll und ganz an den wunderbaren Menschen zu glauben, der sie eigentlich war.

Als Sandy anfing, bewusst auf ihr negatives Denken zu achten und es durch positivere Gedanken zu ersetzen, hatte sie zwei Erlebnisse, die sie als besonders erhellend empfand. Einmal ging sie mit einem Mann aus und fragte sich dabei: *Was würde mein starkes, zuversichtliches Selbst in dieser Situation sagen?*

Die Antwort kam mit überraschender Schnelligkeit. Ihr Begleiter schaute ihr in die Augen und sagte: »Dein Selbstvertrauen ist wirklich beeindruckend!«

Sie erinnert sich: »Da wurde mir klar, dass ich wirklich Selbstvertrauen besitze. Auch wenn ich noch übte und nur so getan hatte, als wäre ich ein Mensch mit Selbstvertrauen, merkte ich, dass etwas Wahres daran war.«

Im Alter von neunundzwanzig Jahren hatte Sandy ein Selbstvertrauen erreicht, das sie früher nie für möglich gehalten hätte. Sie spürte, dass sich etwas dauerhaft verändert hatte. Sie hatte gedacht, »so zu tun, als ob« hieße, ein Gefühl zu spielen, das man nicht wirklich empfindet. Ihr war nicht klar gewesen, dass es eigentlich bedeutete, etwas so lange zu tun, bis Geist, Körper und Seele in Einklang mit einer Überzeugung gebracht waren, die sie ohnehin längst in sich getragen hatte. Diese Überzeugung, dieses angeborene Gefühl des Selbstvertrauens und der Selbstliebe, war bislang tief in ihr vergraben gewesen, sodass sie sich dessen gar nicht bewusst gewesen war. Nun bestand ihre Aufgabe darin, Körper und Geist darauf zu konditionieren, diese innere Wahrheit zum Ausdruck zu bringen.

Das zweite Erlebnis ereignete sich an einem Neujahrstag. Sandy wusste, dass noch viel Arbeit an ihr selbst notwendig war, und dachte, dass ihre Vorsätze für das neue Jahr nicht darin bestehen würden, sich Reisewünsche zu erfüllen oder bestimmte Dinge zu tun, sondern dass es in diesem Jahr darum gehen würde, wer sie sein wollte. Sie sagte zu sich: *Ich will voller Zuversicht, liebevoll und glücklich sein.*

Sandy sah sich selbst als eine Person, die mit strahlendem Lächeln eine Straße entlangging. Dieses Lächeln strahlte auf andere Menschen aus, die es erwiderten und deren Schritte durch diese gute Energie leichter und froher wurden.

All ihre früheren Versuche, Bestätigung in der äußeren Welt zu finden (durch Verabredungen, Jobs, Freunde), hatten stets in Enttäuschungen geendet. Jetzt begriff sie, dass sie diese Bestätigung zunächst in sich selbst finden musste. Sie musste ihr Denken ändern und notierte die folgenden Worte auf einen Zettel:

Ich liebe und akzeptiere mich.
Ich bin es wert, ein gutes Leben zu haben.

Sie klebte diesen Zettel auf ihren Badezimmerspiegel, sodass er das Erste war, was sie am Morgen sah. Sie wiederholte diese Affirmationen, während sie sich die Zähne putzte und sich schminkte. Die Worte erfüllten ihr Denken und drangen in ihr Unterbewusstsein:

Ich liebe und akzeptiere mich.
Ich bin es wert, ein gutes Leben zu haben.

Sandy begann damit am 1. Januar 2012, doch schon bald erkannte sie, dass sie den Zettel gar nicht mehr brauchte. Sie

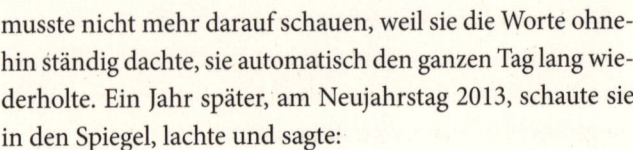

musste nicht mehr darauf schauen, weil sie die Worte ohnehin ständig dachte, sie automatisch den ganzen Tag lang wiederholte. Ein Jahr später, am Neujahrstag 2013, schaute sie in den Spiegel, lachte und sagte:

Ich liebe dich.
Ich liebe dich wirklich.

»Ich empfand das wirklich«, berichtet sie. »Zum ersten Mal in meinem Leben konnte ich in den Spiegel schauen und wusste, dass ich mich selbst aufrichtig liebte. Für jemanden, der sein ganzes bisheriges Leben voller Selbsthass gewesen war, fühlte sich das einfach wunderbar an! Ich weiß, dass noch viel Arbeit vor mir liegt und ich mir selbst und anderen noch viel mehr Liebe zu geben habe. Aber das Gefühl, mich selbst lieben und liebevolle Menschen in mein Leben ziehen zu können, ist eine großartige Erfahrung. Meine Freunde haben bemerkt, wie sehr ich mich im letzten Jahr verändert habe. Sie sagen, so glücklich hätten sie mich noch nie erlebt.«

Kürzlich zog bei Sandy eine Mitbewohnerin ein, Ellen, die sie an sich selbst erinnerte, wie sie vor einigen Jahren gewesen war – voller Selbstzweifeln und Kritik, ständig in der Außenwelt nach Liebe und Bestätigung suchend. Sie riet Ellen, darauf zu achten, wie schlecht sie von sich selbst sprach, und berichtete von ihren eigenen Erfahrungen: Wie sie negatives Denken durch positive Affirmationen ersetzt und welche Fortschritte sie dadurch gemacht hatte.

Ellen erwiderte: »Ja, ja, das ist eine gute Idee.« Aber sie setzte keinen dieser Ratschläge in die Tat um. Ein paar Monate später, als Ellen sich wieder einmal selbst niedergemacht hatte, brachte Sandy das Thema erneut zur Sprache, erkannte jedoch, dass Ellen dafür nicht offen war. Ellen wirkte so unglücklich und verloren. Also schrieb Sandy ihr ein paar Affirmationen auf. Als Ellen sah, was Sandy für sie aufgeschrieben hatte, fing sie an zu weinen.

»Warum weinst du?«

»Weil das nicht wahr ist«, sagte Ellen. »Ich akzeptiere mich nicht. Ich liebe mich nicht.«

Sandy lächelte und sagte zu ihr: »Deswegen nennt man sie Affirmationen. Warum tust du nicht einfach versuchsweise so, als wären sie wahr? Wie eine Schauspielerin, die eine Rolle spielt.«

Sandy hatte herausgefunden, dass sie zwar das Gefühl liebte, einem anderen Menschen ihre Liebe zu schenken, noch mehr liebte sie aber das Gefühl, sich selbst Liebe zu schenken. Und sie versuchte, Ellen das zu erklären.

Sandy wusste, dass sie Ellen am besten dadurch helfen konnte, dass sie ihr neue positive Möglichkeiten aufzeigte. Ihre wahre Macht lag darin, selbst dieses Gute zu leben und damit zum Vorbild für andere zu werden. Inzwischen hatte sie erkannt, dass ein neuer Lebenspartner eine schöne Bereicherung ihres Lebens sein konnte, dass sie aber keinen Partner brauchte, um sich wertvoll und geliebt zu fühlen. *Ich definiere mich selbst*, sagte sie sich. *Ich muss mich nicht über andere definieren.* 🌱

Sich selbst lieben –
unter allen Umständen

Shelly lebte seit vier Jahren mit Bill zusammen. Sie hatte schon seit längerer Zeit das Gefühl, dass etwas nicht stimmte, aber es fehlte ihr der Mut, die Beziehung zu beenden. Immer wieder sagte sie sich: »Wenn ich Bill verlasse, werde ich nie wieder einen Partner finden.« Zwar gab sie sich die größte Mühe, Bill zufriedenzustellen, um von ihm geliebt zu werden, aber sie fühlte sich oft deprimiert und entmutigt, weil sie tief im Inneren wusste, dass Bill sie nicht wirklich liebte. Sie tat alles Erdenkliche, kaufte ihm unter anderem immer wieder teure Geschenke, hatte aber nie das Gefühl, von ihm etwas zurückzuerhalten.

Eines Abends war Shelly völlig erschöpft vom ständigen Bemühen, die perfekte Partnerin, die perfekte Zuhörerin, das perfekte Mädchen für alles zu sein. Weinend brach sie im Badezimmer zusammen und dachte: *Ich bin einfach nicht gut genug für ihn. Ich verdiene es nicht, geliebt zu werden, und wenn ich ihn verlasse, werde ich für immer allein bleiben.* Doch während sie schluchzend auf dem Fußboden saß, wusste sie irgendwo tief drinnen, dass sie nicht wirklich ihre innere Wahrheit lebte.

Als Shelly aufstand und in den Spiegel schaute, sah sie Schmerz und Verzweiflung, und sie empfand tiefe Zuneigung für den Menschen, den sie da erblickte. *Ich muss dieser Frau im Spiegel helfen*, sagte sie zu sich. Das war seit Jahren der erste freundliche, liebevolle Gedanke, den sie sich selbst entgegenbrachte. Und bald darauf fand sie die Kraft, mit Bill Schluss zu machen.

Zunächst war Shelly von Kummer erfüllt und verzweifelter denn je. Also bat sie eine Freundin um Hilfe, die ihr ein Buch mit Affirmationen schenkte. Als sie darin blätterte, musste sie weinen, weil die Affirmationen das genaue Gegenteil all des Schlechten waren, das sie über sich selbst dachte. Sie erkannte, dass nicht nur ihr Exfreund sie schlecht behandelt hatte, sondern dass sie mit sich selbst genauso schlecht umging. Shelly stellte sich wieder vor den Badezimmerspiegel und sagte zu ihrem Spiegelbild: »Ich liebe dich.«

Anfangs war das ein sonderbares Gefühl, aber es schien trotzdem richtig zu sein, und deshalb machte sie weiter.

Mithilfe der Affirmationen und der Spiegelarbeit gelang es ihr schon bald immer besser, sich von ihren alten Denkmustern zu lösen. Nach einiger Zeit spürte sie die Gewissheit, dass sie sich selbst wirklich liebte, und zwar vorbehaltlos, unter allen Umständen.

Das machte sie während der ersten drei Monate zu ihrem Mantra:

Ich liebe mich unter allen Umständen.

Für Shelly war das perfekt, denn sie wusste, dass ihr Geist sonst dazu geneigt hätte, die Aussage »Ich liebe dich« zu relativieren: »Ich würde mich lieben, wenn ich nicht schon so alt wäre.« Oder: »Ich würde mich lieben, wenn meine Beziehungen nicht immer wieder scheitern würden.« Doch der Zusatz »unter allen Umständen« machte für sie einen großen Unterschied, denn sie entdeckte, dass sie gleichzeitig geliebt werden und andere lieben konnte. Es überraschte sie, wie sehr sich ihr Leben durch diese so klein und unbedeutend erscheinende innere Arbeit veränderte.

Shelly erinnerte sich daran, wie negativ sie immer wieder ihr Alter und ihr Aussehen bewertet hatte, aber sie versuchte nicht, sich einzureden, sie sei jung und sähe jung aus. Das wäre falsch gewesen, denn es hätte suggeriert, es gäbe für sie ein besseres Alter als das, in dem sie sich gegenwärtig befand. Stattdessen schenkte sie einfach ihrer inneren Kritikerin immer weniger Gehör und affirmierte:

Mein Geist ist jugendlich.

Ich lebe begeistert und energievoll.

Eines Tages sagten die Leute zu Shelly, sie sähe großartig aus, und ihr fiel auf, wie sehr ihr Leben sich verbessert hatte. Sie fühlte sich großartig! Wenn es manchmal vorkam, dass die Veränderungen sie verunsicherten oder sich Zweifel bemerkbar machten, sagte sie sich:

Ich liebe mich unter allen Umständen.
Sogar wenn ich Angst habe, liebe ich mich.

Selbst wenn ich das Gefühl habe,
dass mein Leben viel zu gut läuft, liebe ich mich.

Manchmal ist es für Shelly immer noch schwierig, gegen ihren negativen inneren Dialog anzugehen, aber sie weiß inzwischen, wie gut es sich anfühlt, morgens mit positiver Geisteshaltung aufzuwachen, ihren Körper als etwas Wunderbares zu betrachten und sich keine Gedanken darüber zu machen, ob er zu dünn oder zu dick ist. Das war eine wirkliche Offenbarung für sie. Shelly entdeckte, dass sie sich nicht mehr allein fühlte, wenn sie ohne Begleiter ausging, denn ihre positiven Affirmationen wurden zu ihren treuen Gefährten. Sie brachte überall im Haus und in ihrem Auto Zettel mit Affirmationen wie diesen an:

Mein Leben ist gut.

Ich bin unter allen Umständen dankbar für mein Leben.

Ich liebe das Leben, und das Leben liebt mich.

Letztlich erkannte sie, dass die Trennung von Bill eine gute Entscheidung gewesen war, denn durch das Alleinsein entdeckte sie etwas, das besser war als alles, was ein Partner ihr geben konnte: ihre Liebe zu sich selbst.

Besonders rasch und wirkungsvoll können wir unsere Selbstliebe und unser Selbstwertgefühl durch Spiegelarbeit stärken. Das geht so:

Nehmen Sie einen Handspiegel, und betrachten Sie sich darin. Wenn Sie dabei inneren Widerstand spüren, denken Sie daran, dass dieser Widerstand von jenem Teil in Ihnen kommt, der Sie nicht liebenswert findet. Schauen Sie trotzdem in den Spiegel, und sagen Sie zu sich:

Ich liebe dich.

Ich werde immer gut zu dir sein.

Ich liebe und akzeptiere dich genau so, wie du bist.

Machen Sie es sich zum Geschenk, dies jeden Morgen nach dem Aufwachen und jeden Abend vor dem Schlafengehen zu praktizieren.

Und wenn Sie während des Tages an einem Spiegel vorbeikommen, schauen Sie hinein, und sagen Sie, laut oder in Gedanken, etwas Positives zu sich.

Du siehst heute gut aus.

Es ist eine Freude, mit dir durchs Leben zu gehen.

Gutes ist unterwegs zu dir.

Bleiben Sie auf Ihrer Seite des Platzes

Stellen Sie sich Ihre Welt wie einen Tennisplatz vor, auf dem Sie mit einer anderen Person spielen. Sie haben nur die Kontrolle über Ihre eigenen Gedanken, Handlungen und Absichten – nicht darüber, was der andere Spieler tut oder denkt. Wir neigen dazu, immer wieder das Verhalten anderer kontrollieren und manipulieren zu wollen. Trainieren Sie, mit Ihren Gedanken, Worten und Handlungen auf Ihrer Seite des Tenniscourts zu bleiben. Konzentrieren Sie sich darauf, was Sie tun und wie das Universum darauf reagiert. Entscheidend ist immer Ihr eigenes Denken.

Affirmationen können Ihnen helfen, Ihr Denken positiv auszurichten.

Achten Sie nach einer Trennung, oder wenn eine Beziehung unglücklich verläuft, auf Ihre Gedanken. Vielleicht denken Sie: *Ich wäre besser nicht mit ihm zusammengezogen.* Oder: *Er hat mich zwar schlecht behandelt, aber wir sind alle nur Menschen und machen Fehler.*

Es mag liebevoller oder spiritueller wirken, wenn Sie denken: *Ich sollte ihn so akzeptieren, wie er ist, und ganz im Hier und Jetzt sein.* Aber so zu denken, kann Ihnen in manchen Situationen sehr schaden. Fragen Sie sich: *Bringt er weiterhin Liebe, Licht und Freude in mein Leben? Oder folgte auf eine kurze Phase der Verliebtheit eine Menge Leid und Verdruss?*

Manchmal rät Ihr Verstand Ihnen, in einer ungesunden Beziehung auszuharren, weil Sie glauben, einen Platzhalter zu brauchen – jemanden, von dem Sie sich einreden, er würde Sie lieben und wäre für Sie da. Betrachten Sie Ihre Gedanken als Energie: Welche Energie ziehen Sie in Ihr Leben? Womit begnügen Sie sich? Wer ist für diese Energie verantwortlich? Wenn eine Beziehung endet, neigen wir dazu, obsessiv an den anderen zu denken: *Ob sie auch an mich denkt? Vermisst sie mich? Analysiert sie unsere Beziehung genauso wie ich?*

Alle diese Gedanken sind auf die Vergangenheit gerichtet – eine Vergangenheit, die möglicherweise gar nicht so war, wie Sie es sich vorstellen. Lenken Sie Ihre Gedanken und Ihre Energie in die Gegenwart. Kehren Sie auf Ihre Seite des Tennisplatzes zurück – denn wenn Sie ständig an einen anderen Menschen denken, wer managt dann *Ihr* Leben? Wer kümmert sich um *Sie*? Was Sie sich von Ihrer oder Ihrem Ex erhofften, war das Gefühl, wirklich geliebt zu werden. Aber erkennen Sie, wie wenig Sie sich selbst lieben? Wie wenig Sie sich um sich kümmern?

Wenn Sie obsessiv an einen anderen Menschen denken, ist das, als ob er Raum in Ihrem Bewusstsein einnimmt, ohne dafür Miete zu zahlen.

Denken Sie sanft und mitfühlend über die Beziehung nach, und fragen Sie sich, wie es kommt, dass Sie sich mit weniger zufriedengegeben haben, als Sie es sich eigentlich wert sein sollten. Und warum Sie sich mit einem Menschen eingelassen haben, dessen Schwingungen gar nicht zu Ihnen passen. Jetzt sagen Sie vielleicht: »Oh, aber sie haben doch gepasst!« Das mag in einer früheren Phase der Beziehung zugetroffen haben, jetzt aber sicher nicht mehr. Schauen Sie nach vorn, und richten Sie Ihr Denken an höheren Werten aus. Danken Sie dem Universum für diese Lernerfahrung, denn sie hilft Ihnen, heiler zu werden, und erinnert Sie daran, wer Sie wirklich sind.

Füllen Sie Ihr Bewusstsein mit positiven neuen Gedanken. Sagen Sie nicht mehr: *Er war einfach noch nicht reif für eine Beziehung.* Probieren Sie stattdessen diese Affirmation aus:

Ich freue mich auf neue Beziehungen.

Statt darüber nachzugrübeln, warum er nicht bei Ihnen bleiben wollte, bejahen Sie:

Ich ziehe jetzt Menschen an, die bei mir sein wollen.

Denken Sie daran, dass das Universum Sie auf die Probe stellen wird. Es kann sein, dass es Ihnen zunächst einige ambivalente Personen schickt, die sich nicht sicher sind, ob sie bei Ihnen bleiben wollen, aber halten Sie trotzdem beharrlich an Ihrer Affirmation fest:

Ich ziehe jetzt Menschen an, die bei mir sein wollen.

Während Sie trauern, können Sie Ihr Selbstbild klarer erkennen. Ihr innerer Dialog wird offensichtlicher, und Sie werden merken, welche Bereiche besonderer Aufmerksamkeit bedürfen. Eine solche Phase eignet sich hervorragend, um alte Muster zu heilen.

Nehmen wir beispielsweise an, Sie gehen essen und bestellen sich ein Thunfisch-Sandwich, doch der Kellner bringt Ihnen stattdessen einen Cheeseburger. Wenn Sie über ein gesundes Selbstwertgefühl verfügen, werden Sie sagen: »Dieser Burger sieht sehr gut aus, aber ich habe ihn nicht bestellt. Ich habe ein Thunfisch-Sandwich bestellt.«

Sie werden den Cheeseburger nicht akzeptieren, denn wenn Sie das gewünschte Sandwich bekommen, wird Ihnen das Freude machen und bewirken, dass Sie sich gut fühlen. Ist Ihr Selbstwertgefühl gering, trauen Sie sich vermutlich nicht, Einspruch zu erheben, und werden den Burger essen, obwohl Sie ihn nicht bestellt haben.

So ist es auch bei Beziehungen. Warum sollten Sie eine Beziehung akzeptieren, in der sich nicht wirklich widerspiegelt, wer Sie sind und was Sie sich wünschen? Wenn Ihr Partner Ihnen keine Freude geschenkt hat, sollten Sie diese Bestellung nicht noch einmal aufgeben.

Wir empfehlen Ihnen folgende Übung:

Erstellen Sie eine Liste mit allem Positiven, was Sie in der Beziehung empfangen haben. Vielleicht werden Sie in Ihrer Liste Liebe, Kameradschaft notieren und dass Ihr Partner oft für Sie kochte.

Diese Liste sollte wenigstens fünf Punkte umfassen.

Notieren Sie jetzt alles, was Sie sich wünschten, aber nicht bekamen. Vielleicht waren das Verständnis, Komplimente, Ermutigung. Und auch diese Liste sollte wenigstens fünf Punkte enthalten.

Schauen Sie sich nun die erste Liste an, und geben Sie sich selbst das, was Sie dort notiert haben. Nehmen Sie dann die zweite Liste, und senden Sie diese Punkte spirituell an Ihre oder Ihren Ex. Wenn beispielsweise auf der Liste steht, dass Sie kein erfülltes Sexleben hatten, wünschen Sie der oder dem Ex für die Zukunft ein erfülltes Sexleben.

Jedes Mal, wenn Sie an Ihren Ex denken müssen, senden Sie ihm Liebe und gute Wünsche. Wenn Ihre Gedanken auf seine Seite des Tenniscourts wandern und Sie über seine Rolle in der Beziehung nachdenken, machen Sie sich bewusst, dass Sie sich auf der falschen Seite des Platzes befinden, und sagen Sie: »Liebevoll heile ich meinen Teil der Beziehung.«

Wenn Sie sehen, dass Ihr Ex eigene Wege geht, denken Sie daran, dass Ihre Aufgabe darin besteht, sich um *Ihr* Leben zu kümmern, nicht um seines. Konzentrieren Sie sich darauf, eine gute Beziehung zu sich selbst aufzubauen. Wie wäre es, wenn Sie Ihren Freunden und Ihrer Familie mehr Liebe und Mitgefühl zuteilwerden lassen, statt weiterhin der schlecht verlaufenen Beziehung zu Ihrem Ex Energie zuzuführen? Versuchen Sie diese Affirmation:

*Heute bringe ich Liebe in mein Leben und strahle
sie auf alle Menschen aus, die mir begegnen.*

Nutzen Sie die Beschäftigung mit der Vergangenheit dazu, sich selbst besser kennenzulernen und mehr über Ihre Wünsche herauszufinden. Darüber nachzudenken, was sich in der beendeten Beziehung gut anfühlte und was nicht, ist oft ein guter Weg, um herauszufinden, was Sie wollen und was Sie nicht wollen. Vielleicht hat es sich nicht gut angefühlt, einen Partner zu haben, der nur wenig Zeit für Sie hatte. Vielleicht hat es sich nicht gut angefühlt, mit Ihrer Partnerin so viel Zeit zu Hause zu verbringen, weil Sie gesellig sind und gern unter Menschen gehen. Und wenn Sie sehr interessiert daran sind, was gerade in der Welt vorgeht, war es vermutlich unbefriedigend, mit einem Partner zu leben, der am Weltgeschehen kaum Interesse zeigte.

Versuchen Sie, die Sache aus einer größeren Perspektive zu betrachten. Letztlich ist Heilung der Zweck aller Beziehungen. Eine Beziehung, die keine heilende Wirkung entfaltet, wird sich leer und sinnlos anfühlen. Wenn Sie aber erkennen, dass dieser Mensch in Ihr Leben gekommen ist, um Sie auf Ihrem Lernweg einen Schritt voranzubringen, wird Ihnen bewusst, dass Sie in einem Universum leben, das immer Gutes für Sie anstrebt. Wiederholen Sie diese Affirmation, um die Heilung empfangen zu können:

Meine frühere Beziehung ist abgeschlossen,
und ich akzeptiere die Heilung.

Die folgenden Affirmationen werden Ihnen helfen, loszulassen und zur nächsten Stufe Ihrer Entwicklung zu gelangen:

In meinem Leben kommen nur Beziehungen zustande,
die mir Erfüllung und Freude schenken.

Wenn eine Beziehung mir keine Erfüllung schenkt,
gebe ich sie liebevoll an das Universum zurück.

Wenn Sie um das Ende einer Beziehung trauern und nach Wegen suchen, sich selbst zu heilen, werden Sie entdecken, dass Sie der Mensch werden können, der Sie wirklich sein sollen. Schmerz kann ein Katalysator für persönliche Entwicklung sein und eine neue Basis schaffen, von der aus Sie noch größere Gaben des Universums empfangen können.

• • •

Zu den wichtigsten Lektionen einer Beziehung zählt, dass Sie nicht geben können, was Sie nicht haben. Sie können keine Liebe empfangen, wenn Sie glauben, nicht liebenswert zu sein. Deswegen findet die wichtigste Entwicklung immer in Ihnen selbst statt. Wenn Sie sich für wertlos halten, können Sie keine Liebe annehmen, so groß sie auch sein mag. Vielleicht denken Sie, der Fehler liege immer bei der anderen Person, aber die Fähigkeit, Liebe zu geben und zu empfangen, können Sie nur in Ihrem eigenen Inneren finden.

Wir hoffen, dass Sie jetzt damit begonnen haben, Ihre Denkmuster zum Thema Beziehung und Partnerschaft zu untersuchen. Wenn Sie den Trennungsschmerz liebevoll akzeptieren, eröffnet er Ihnen die Chance, die Dynamik Ihrer Beziehungen zu ergründen. Dann werden Sie Ihre Vergangenheit nicht länger als falsch beurteilen, sondern begreifen, dass die Beziehung Sie zu einer neuen Stufe in Ihrer persönlichen Entwicklung hingeführt hat. Jedes Ende ist immer auch ein Neubeginn. Wenn es in einer Beziehung zum Crash kommt, müssen Sie nichts weiter tun, als Ihre Sauerstoffmaske anzulegen und gut für sich selbst zu sorgen. Seien Sie sanft und liebevoll mit sich.

Im nächsten Kapitel werden wir die Heilungsreise fortsetzen, indem wir uns mit einer anderen Form von Verlust und Trennung beschäftigen – der Ehescheidung.

3

Scheidung geht auch anders

Viele Menschen halten eine Ehe für gescheitert, wenn sie nicht ein Leben lang dauert. So, wie manche der Ansicht sind, ein wirklich erfülltes Leben müsse 95 Jahre dauern, glauben eine Menge Leute, erfolgreiche Ehen hätten zu dauern, »bis dass der Tod sie scheidet«. Doch in Wirklichkeit hängt es überhaupt nicht von der Dauer einer Ehe ab, ob sie erfolgreich ist und heilsam für die Beteiligten. Entscheidend ist, ob beide Ehepartner durch die Verbindung erreichten, was in dieser Phase ihres Lebensweges wichtig für sie war. Eine Ehe ist erfolgreich und erfüllt, wenn sie nicht länger notwendig ist. Natürlich sind wir uns bewusst, dass es ein radikaler, ungewöhnlicher Gedanke ist, eine Ehe, die mit einer Scheidung endet, als Erfolg zu betrachten.

Unser Glück hängt nicht davon ab, dass Beziehungen sich »zum Besseren« verändern. Das ist eine der Wahrheiten des Lebens. Wenn eine Ehe endet, haben zwei Menschen erkennen müssen, dass sie einander nicht ändern können. Vielleicht haben sie versucht, ihren Partner zu ändern, damit die Ehe gelingt, aber nach der Scheidung wird ihnen klar, dass solche Versuche meistens zum Scheitern verurteilt sind.

Wenn man das einsieht, fragt man nicht länger: »Was ist, wenn sie sich niemals ändert?« Stattdessen überlegt man:

»Was, wenn es ihr einfach nicht bestimmt war, sich zu ändern? Was, wenn es uns bestimmt war, uns scheiden zu lassen?« Wenn Sie Ihr wahres Sein entdecken und leben wollen, sollten Sie dann nicht auch Ihrem Partner oder Ihrer Partnerin dieses Recht zugestehen, selbst wenn dies das Ende Ihrer Ehe bedeutet?

Nach einer Scheidung sollten Sie sich fragen: *Beruhte die Liebe, die ich gab und empfing, darauf, wie Liebe in meiner Kindheit definiert wurde? Haben sich meine Eltern ständig gestritten? Haben sie sich scheiden lassen? Beruhte diese Ehe wirklich darauf, wie ich Liebe schenken und empfangen möchte?* Wenn Sie Liebe als etwas Schmerzhaftes betrachten, als kompliziert, als Machtkampf, dann sollten Sie untersuchen, warum das bei Ihnen so ist.

Die Leute wählen ihren Ehepartner oft aufgrund von Entscheidungen, die sie als Heranwachsende getroffen haben. Damit wollen wir nicht sagen, dass Ihre Eltern an allem schuld sind. Allgemein geht man davon aus, dass Sie ab einem Alter von 25 Jahren nicht mehr die Menschen, von denen Sie erzogen wurden, für Ihre Situation verantwortlich machen können. Doch auf eine Scheidung folgt oft eine längere Periode der Selbstanalyse, während der Sie sich fragen, warum Ihre Ehe nicht funktioniert hat, was Sie falsch gemacht haben und so weiter. Dabei gelangen Sie möglicherweise zu der für Sie überraschenden Erkenntnis, dass Sie durch das, was Sie während Ihrer Kindheit und Jugend in Ihrem Umfeld beobachteten, gelernt haben, zum Guten wie zum Schlechten, wie man sich in einer Beziehung oder Ehe verhält. Die Überraschung besteht darin, dass Sie es zu hundert Prozent richtig gemacht haben, denn Sie haben genau das getan, was die Erwachsenen in Ihrer Kindheit Ihnen vorlebten. Doch es steht in Ihrer Macht, jetzt, nach der Scheidung, für sich eine neue Bestimmung und eine neue Realität zu wählen. Neues Denken kann Ihnen den Weg dorthin weisen, so wie verzerrtes Denken Sie in der bisherigen Situation gefangen halten kann.

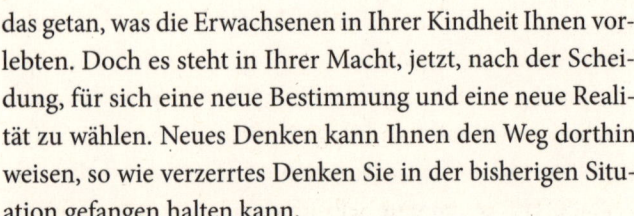 Aidan, ein vierunddreißigjähriger Rechtsanwalt, war in allen Lebensbereichen sehr erfolgreich, nur in der Ehe nicht. In einer Selbsthilfegruppe für geschiedene Männer gestand er, furchtbar unzufrieden mit seinem Liebesleben zu sein, und er sagte, er sei fest davon überzeugt, dass seine Exfrau und er zusammengehörten. Nach der Scheidung vor zwei Jahren habe er versucht, eine freundschaftliche Beziehung zu ihr aufzubauen, aber jedes Mal wenn sie sich wieder etwas annäherten – sich eine freundliche, vertrauensvolle Atmosphäre zwischen ihnen entwickelte –, sagte er plötzlich Dinge wie: »Siehst du? Ich habe dir doch gesagt, dass wir zusammengehören!« Das war frustrierend für ihn, weil er jeden guten Augenblick mit ihr als Zeichen dafür deutete, dass es ihnen bestimmt war, wieder zueinanderzufinden. Seine Exfrau sagte dann: »Warum kannst du nicht akzeptieren, dass unsere Ehe vorbei ist und wir nur noch Freunde sind?« Er sagte zu den Männern in der Gruppe, dass er sich sicher besser fühlen würde, wenn er diese Tatsache akzeptierte. Und es gab auch schon Augenblicke, wo ihm das gelang.

»Wenn du diese Akzeptanz spürst«, fragte ihn der Gruppenleiter, »erfüllt dich das mit Frieden?«

»Ich erlebe solche Momente der Akzeptanz, aber sie dauern nie lange«, antwortete Aidan. »Es stellt sich kein wirklicher innerer Frieden ein, und schon bald verkehren meine Gefühle sich ins Negative.«

»Das liegt daran«, sagte der Gruppenleiter, »dass du, wenn du die Situation akzeptierst, gleich wieder denkst: *Wird sie denn jetzt zu mir zurückkommen?* Das ist keine echte Akzeptanz. Das ist nur eine Selbstmanipulation deines Geistes. Du sagst dir: ›Wenn ich die Situation akzeptiere, wird sie zu mir zurückkommen.‹«

Schauen wir uns einmal genauer an, was Aidan zu sich selbst sagt: »Wir *sollten* zusammen sein.«

In diesem Satz stecken viele negative Botschaften, unter anderem:

- Das Universum weiß nicht, was es tut.

- Die Dinge sind nicht okay, so wie sie sind.

- Meine Frau lebt nicht so, wie sie leben sollte.

- Ich lebe nicht so, wie ich leben sollte.

- Unsere Liebe ist gescheitert.

- Die Dinge haben sich nicht so entwickelt, wie sie sollten.

Wenn wir die Situation untersuchen, sehen wir, dass Aidan sich bislang nicht dafür geöffnet hat, über den erlittenen Verlust zu trauern. Er kann seinen Schmerz nicht heilen, solange er glaubt, es hätte nicht zu der Scheidung kommen dürfen. Mit der Leugnung der Realität schadet er sich selbst. Er hindert sich daran, in seinem Trauerprozess zum Stadium der Akzeptanz zu gelangen.

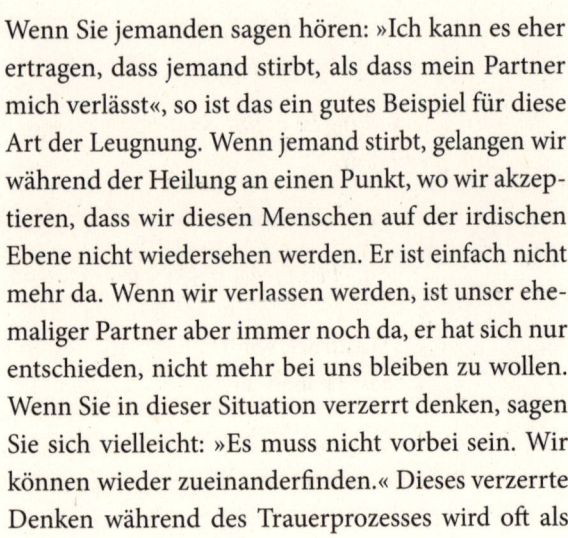
Wenn Sie jemanden sagen hören: »Ich kann es eher ertragen, dass jemand stirbt, als dass mein Partner mich verlässt«, so ist das ein gutes Beispiel für diese Art der Leugnung. Wenn jemand stirbt, gelangen wir während der Heilung an einen Punkt, wo wir akzeptieren, dass wir diesen Menschen auf der irdischen Ebene nicht wiedersehen werden. Er ist einfach nicht mehr da. Wenn wir verlassen werden, ist unser ehemaliger Partner aber immer noch da, er hat sich nur entschieden, nicht mehr bei uns bleiben zu wollen. Wenn Sie in dieser Situation verzerrt denken, sagen Sie sich vielleicht: »Es muss nicht vorbei sein. Wir können wieder zueinanderfinden.« Dieses verzerrte Denken während des Trauerprozesses wird oft als *Verhandeln* und/oder *magisches Denken* bezeichnet.

Übrigens ist es natürlich möglich, dass Aidan und seine Exfrau, solange sie beide noch am Leben sind, wieder ein Paar werden *können*. Niemand von uns weiß, was die Zukunft bringt. Aber wir wissen, dass Aidan keine Heilung finden wird, solange er die Tatsache nicht akzeptiert, dass er und seine Frau geschieden sind. Erst dann kann er seinen Schmerz überwinden.

Hier einige Affirmationen, die ihm bei diesem Prozess helfen können:

Im Universum geschieht alles in göttlicher Ordnung.
Das gilt auch für meine Scheidung.

Alles entfaltet sich so, wie es sein soll.

*Meine Scheidung beeinträchtigt in keiner Weise
meine Fähigkeit, zu lieben und geliebt zu werden.*

*Durch meine Scheidung ist meine Zukunft in keiner
Weise vorherbestimmt.*

Manche Beziehungen enden, andere bleiben bestehen.

Ich bin offen dafür, Liebe in jeder Form zu empfangen.

Scheidung kann ein Ausdruck von Heilung sein. Wenn eine
Ehe zu Ende geht, muss deshalb nicht Ihre Fähigkeit zu lieben stagnieren.

Aidan versucht, das Geschehene mithilfe von negativen Gedanken und negativen Affirmationen zu verarbeiten. Wenn
er mit Negativität auf seinen Schmerz reagiert, führt das zu
Schuldgefühlen, Vorwürfen und der Vorstellung, dass seine
Ehe ein Fehlschlag war. Aber er kann sein Denken ändern –
selbst wenn das bedeutet, für eine gewisse Zeit »so zu tun,
als ob«. Durch positive Affirmationen kann er seine Seele für
die notwendige Heilung öffnen.

Manchmal ist man anfangs nicht in der Lage, positiv zu
denken. Dann muss man ausgehend von der momentanen
Situation an sich arbeiten. Wenn Aidan sagt: »Meine Frau
versteht nicht, dass wir zusammengehören«, sollte er nicht
gegen diesen Gedanken ankämpfen, sondern sich stattdessen sagen:

*Meine Frau versteht nicht, dass wir wieder
zueinanderfinden können. Ich sende ihr Liebe
und wünsche ihr nur Gutes.*

Ich denke, wir könnten immer noch verheiratet sein, aber ich vertraue auf die größere Weisheit des Universums.

Ich weiß nicht, was geschehen oder nicht geschehen könnte. Ich löse mich jetzt liebevoll von meinen einengenden Glaubenssätzen.

Das Universum führt mich immer zum Guten hin.

Aidan hatte eine klare Vorstellung davon, wie sein Leben sich entwickeln sollte. Doch er musste an seiner Sicht auf die Realität arbeiten, denn diese Realität stand im Widerspruch dazu, wie sein Leben seiner Meinung nach hätte aussehen müssen.

Wir alle tragen diese inneren Bilder mit uns herum. Manche von uns nennen sie Erwartungen, andere sagen, die Dinge müssten nun einmal so sein. Wie wir es auch nennen, wir müssen akzeptieren, dass das Leben von unseren Vorstellungen und Erwartungen abweicht. Wir sollten uns sagen: »Wir alle haben einen Plan A, aber im Leben geht es in Wirklichkeit um Plan B.«

• • •

Manchmal müssen die Menschen nach einer Scheidung gegen äußere Widerstände ankämpfen, um mit ihrem Leben weitermachen zu können. Diese Widerstände können mit der Gesellschaft zu tun haben oder sogar mit religiösen Überzeugungen.

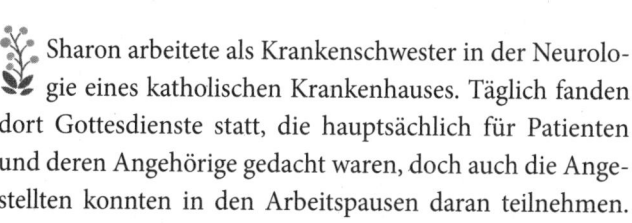 Sharon arbeitete als Krankenschwester in der Neurologie eines katholischen Krankenhauses. Täglich fanden dort Gottesdienste statt, die hauptsächlich für Patienten und deren Angehörige gedacht waren, doch auch die Angestellten konnten in den Arbeitspausen daran teilnehmen. Sharon besuchte den Gottesdienst gerne während ihrer Mittagspause.

Dann sagte plötzlich Sharons Mann Paul, mit dem sie seit 22 Jahren verheiratet war, dass er sich scheiden lassen wollte. Sharon widersetzte sich und erinnerte ihren Mann daran, dass sie als gute Katholiken einen Weg finden sollten, ihre Ehe zu retten. Doch so sehr Sharon sich auch bemühte – Paul wollte unbedingt die Scheidung. Sharon war so überzeugt, sie *müssten* zusammenbleiben, dass sie zu dem Richter sagte: »Das ist falsch! Wir sind gute Katholiken. Es ist unsere Pflicht, unsere Probleme zu lösen und unsere Ehe zu retten.«

»Mit allem Respekt, Euer Ehren«, erwiderte Paul, »als meine Frau nicht in die Scheidung einwilligen wollte, war ich zunächst bereit, zur Eheberatung zu gehen. Wir haben das einige Monate lang versucht, aber zu meinem Bedauern muss ich sagen, dass es nicht hilft. Es gibt unüberbrückbare Differenzen zwischen uns.«

Der Richter bewilligte die Scheidung. Noch ein Jahr danach sagte Sharon: »Das hätte niemals passieren dürfen. Gott glaubt nicht an die Scheidung.«

Von den religiösen Aspekten ihrer Situation einmal abgesehen, konnte Sharon keine Heilung finden, solange ihr Mantra lautete: *Das ist falsch. Das hätte niemals passieren dürfen.* Nachfolgend einige für Sharon hilfreiche Affirmationen:

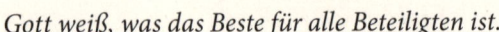

Gott weiß, was das Beste für alle Beteiligten ist.

Gott regelt alles, was mit meiner Scheidung zu tun hat, auf gute Weise.

Gott segnet meine Ehe und meine Scheidung.

Gott kennt nur Liebe. Wenn Sie also geschieden sind, sollten Sie wissen, dass Gott Sie nicht als »geschieden« betrachtet. Gott sieht Sie als reine Liebe.

Denken Sie es sich so: Selbst wenn Sie glauben, die Kirche oder Gott hätten ein Problem damit, dass Sie geschieden sind, werden Sie vermutlich noch einige Jahrzehnte leben. Wie möchten Sie diese Jahre verbringen? Wünschen Sie sich unglückliche Jahrzehnte? Jahrzehnte voller Schuldgefühle? Sie haben die Wahl. Auch wenn es in Ihrem Leben ein trauriges Kapitel namens Scheidung gegeben hat, können viele Jahre voller Mitgefühl, Glück und Liebe vor Ihnen liegen.

Realistisch betrachtet gab es für Sharon nur eine Wahl: Sie konnte sich für den Rest ihres Lebens in Trauer und Bedauern vergraben oder sie konnte den Schmerz wirklich fühlen und sich dann für eine andere Zukunft öffnen. Es ist wichtig, dass wir unsere Gedanken klug wählen und nur die positiven bejahen und bekräftigen.

Sich selbst annehmen

Es war Jans erster Muttertag ohne ihren Mann Gabe, und ihr Schmerz überwältigte sie. Sie war traurig und deprimiert, denn er hatte sie wegen einer anderen Frau verlassen – einer älteren noch dazu, was Jans Ego einen schweren Schlag versetzte. Sie hatte geglaubt, die perfekte Ehefrau zu sein. Daher begriff sie nicht, wie Gabe ihr das antun konnte, ihr und ihrem vierjährigen Sohn Corey. »Ich fühlte mich im Stich gelassen, einsam und wertlos«, erinnert sie sich.

Während Jan das Geschirr spülte, dachte sie daran, wie ihr Mann sie am Muttertag immer wie eine Königin verwöhnt hatte. Er hatte ihr ein Muttertagsfrühstück zubereitet und den Tag dann mit Geschenken und einem schönen Ausflug gefeiert. Aber in diesem Jahr war sie mit Corey allein zu Hause und erledigte den Abwasch. In ihrer Verzweiflung brach sie weinend auf dem Fußboden zusammen. Sie überlegte, ihrem Leben und damit allem Schmerz ein Ende zu setzen. In diesem Moment kam Corey in die Küche und berührte mit seinen kleinen Händen sanft Jans Schultern.

»Was ist denn los?«, fragte er.

»Ich kann einfach nicht mehr«, sagte sie und wischte sich rasch die Tränen weg.

»Alles wird gut, Mami, bestimmt«, sagte er liebevoll. Jan erwiderte seufzend seinen Blick, erschrocken darüber, dass sie eben noch überlegt hatte, Selbstmord zu begehen und ihn im Stich zu lassen. Corey half ihr, vom Boden aufzustehen. Sie bedankte sich und umarmte ihn innig. Er lächelte und ging wieder zurück in sein Zimmer.

Jan sah hoch zur Decke und sagte: »Warum ich, Schöpfer? Ich brauche deine Hilfe. Hilf mir herauszufinden, warum ich mich so schrecklich fühle!« Abends, als sie im Bett lag, betete sie um Führung und sank in einen tiefen Schlaf.

Am nächsten Tag ging sie zur Arbeit. Ihre Aufgabe bestand darin, sich um die berufliche Weiterbildung der Mitarbeiter zu kümmern. Auf ihrem Schreibtisch lag ein Flyer. Eine Angestellte hatte ihn ausgelegt, um für einen Selbstheilungs-Workshop zu werben. Jan dachte: *Ich brauche wirklich dringend Heilung.* Aber ihr war bewusst, dass sie nicht nur ihren Schmerz über die Trennung von ihrem Mann heilen musste, sondern ihr ganzes Leben. Sie las den Flyer, rief diese Angestellte an und ging mit ihr zu dem Workshop.

»Als wir dort eintrafen, wusste ich nicht, was mich erwartete«, erzählte Jan. »Wir waren neun oder zehn Leute, die sich zu Hause bei einer der Teilnehmerinnen trafen. Ich hatte vor, einfach nur zu beobachten und mir Notizen zu machen. Doch als der Workshop am Sonntagnachmittag zu Ende ging, fühlte ich mich viel besser als zuvor. Ich lernte, wirklich um den Verlust meines Mannes zu trauern und mich selbst zu heilen, indem ich ihm Liebe sendete. Und, was noch wichtiger war, ich sendete *mir selbst* ganz viel Liebe.«

Sie praktizierte folgende Affirmationen:

Ich fühle meine Traurigkeit.

Es ist heilsam, mich für meinen Schmerz zu öffnen.

In meiner Traurigkeit liebe ich mich selbst.

Nachdem sie diese Affirmationen ein paar Wochen lang angewendet hatte, fing Jan an, kleine Momente wirklichen

Glücks zu erleben. Ihr Kummer verschwand nicht, aber er fühlte sich weicher an, und sie betrachtete ihn liebevoller. Ihr war früher gar nicht bewusst gewesen, dass sie lernen musste, sich zu lieben. Man hatte ihr nie beigebracht, wie das geht. In ihrer Kindheit war ihr nicht vermittelt worden, Gefühle zum Ausdruck zu bringen und für ihre eigenen Bedürfnisse einzustehen.

»Von diesem Tag an«, sagte Jan, »begab ich mich auf eine Reise der Selbstentdeckung!« Der Workshop regte sie dazu an, sich immer wieder bewusst zu machen, dass alles, was geschah, ihrem höchsten Wohl diente. Sie machte es zu ihrem täglichen Mantra, dass aus jeder Situation stets nur Gutes entsteht. Zu Hause brachte sie überall Zettel mit Affirmationen an. Die erste stammte von ihrem Sohn:

Alles wird gut, Mami!

Auch schrieb sie:

Ich fühle meinen Schmerz, suhle mich aber nicht darin.

Alles, was geschieht, dient meinem höchsten Wohl.

Aus dieser Situation entsteht nur Gutes.

Immer wenn Jans Denken in negative Bahnen abglitt, schaute sie sich eine dieser Affirmationen an, als sähe sie sie zum ersten Mal. »Ich schaute mir die Worte an und versuchte, sie wirklich tief in mich aufzunehmen. Dann setzte ich mich hin und wiederholte sie immer wieder.«

An ihren Schlafzimmerspiegel klebte sie:

Ich lebe sicher und beschützt.

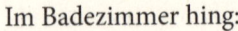

Im Badezimmer hing:

Ich liebe dich und vergebe dir.

Auf diese einfache Weise verschaffte sie sich Zugang zu ihrer inneren Weisheit, und so fand sie in ihrem Schmerz zu neuer Kraft, statt in der Opferrolle zu verharren. Sie bat Corey sogar, seine eigenen Affirmationen aufzuschreiben. Gemeinsam machten sie daraus bunt bemalte kleine Schilder, die sie in der Wohnung aufhängten. Corey malte viele Bilder, auf denen die Sonne schien, und Jan dachte sich diese Affirmation aus:

Die Sonne scheint jederzeit. Immer erhellt sie das Gute.

Als Jan sich ein Jahr später an jenen traurigen Muttertag erinnerte, dachte sie, wie dumm es gewesen war, die Freude dieses Tages allein auf ihren Ex-Mann zurückzuführen. »Dabei geht es doch um meinen wunderbaren Jungen«, erzählte sie. »Er hat zu mir gesagt: ›Alles wird gut, Mami.‹ Heute vermittle ich ihm, dass das unser ganz besonderer Tag ist und was für eine Ehre es für mich ist, seine Mutter zu sein. Dann unternehmen wir gemeinsam etwas Schönes und feiern. Vor einem Jahr hätte ich mir nicht vorstellen können, je wieder solches Glück zu empfinden.«

Weil ihr Sohn noch so klein gewesen war, ging es für Jan früher am Muttertag darum, dass ihr Mann ihr Muttersein feierte. Mit der Zeit hätte es sich dann dahin entwickelt, dass ihr Sohn und ihr Mann dies gemeinsam taten. Und wenn Corey älter wurde, hätte er den Brauch übernommen und es selbst getan. Die Scheidung hatte diesen Prozess beschleunigt und Jan dazu angeregt, ihren eigenen Weg zu finden, ihr

Muttersein zu feiern. In gewisser Weise wurde ihr Gefühl als Mutter dadurch klarer und unverfälschter, weil sie erkannte, dass es sich dabei um einen Aspekt ihrer selbst handelte. Und sie erkannte, dass sie diesen Aspekt immer anerkennen und wertschätzen konnte, ganz unabhängig davon, ob ihr Mann da war oder ihr Sohn den Tag mit ihr feierte. Als Jan über ihren Schmerz nachdachte, wurde ihr klar, dass sie niemals allein war: Sie hatte immer sich selbst und konnte gut für sich sorgen.

Wenn der Schmerz kompliziert wird

Bob und Marilyn, beide Mitte vierzig, waren seit zwanzig Jahren verheiratet. Bob ging gerne unter Menschen, liebte Geselligkeit. Marilyn dagegen war eher ein häuslicher Typ. Bobs Partyleben war nicht ihr Ding. So fingen sie an, beide ihr eigenes Leben zu führen. Sie sahen sich fast nur zur Schlafenszeit und berichteten einander kurz, was sie während des Tages erlebt hatten. Diese getrennte Lebensführung bewirkte schon bald, dass sie sich mehr als Wohngemeinschaft fühlten denn als Ehepaar.

Marilyn war zunehmend unzufrieden mit der Situation. Sie sehnte sich danach, auch etwas zu unternehmen und zu erleben, aber sie interessierte sich für andere Aktivitäten und Orte als Bob. Marilyn liebte ihren Mann immer noch, aber ihr wurde klar, dass ihre Ehe nicht länger ihren Bedürfnissen entsprach. Sie wollte ein eigenes Leben ohne ihn. Bob war der Ansicht, dass sie ihre Probleme in den Griff bekommen und die Ehe retten konnten. Marilyn war bereit, das zu versuchen, glaubte aber nicht wirklich, dass es funktionieren würde. So reichte sie schließlich die Scheidung ein.

Nach der Scheidung blieben sie Freunde. Doch in seinem Schmerz gab Bob sich dem »magischen Denken« hin und klammerte sich an die Idee, dass sie eines Tages wieder zueinanderfinden würden.

Ungefähr ein Jahr nach der Trennung geschah das Undenkbare: Bob erlitt bei der Arbeit einen schweren Herzinfarkt. Die Ärzte retteten sein Leben, doch als er im Krankenhaus wieder zu sich kam, zeigte sich, dass durch eine Schädigung des Gehirns sein Gedächtnis stark beeinträchtigt war. An die weiter zurückliegende Vergangenheit konnte er sich gut erinnern, aber die letzten Jahre vor dem Infarkt waren wie ausgelöscht.

Bobs Freunde hofften, dass die Erinnerung zurückkehren würde. Während der ersten Monate stand Marilyn ihm zur Seite, froh, helfen zu können. Die Situation erinnert etwas an den Film *50 erste Dates* mit Drew Barrymore und Adam Sandler. Drew Barrymore spielt darin eine junge Frau, die nach einem Unfall an Amnesie leidet und sich nie an den vorangegangenen Tag erinnern kann. Jedes Mal, wenn sie mit ihrem Schwarm, gespielt von Adam Sandler, ausgeht, ist das, als wäre es ihr erstes Date. In Bobs Fall war es so, dass er sich wegen des erlittenen Hirnschadens nicht mehr an die Scheidung erinnern konnte und glaubte, immer noch mit Marilyn verheiratet zu sein. Als sein Zustand sich besserte, sodass sie immer weniger Zeit mit ihm verbrachte, fragte er sie, warum sie so selten zu Hause war, und sie hatte die quälende Aufgabe, ihm immer wieder zu erklären, dass sie geschieden waren.

Wenn ich ein wirklich guter Mensch wäre, dachte Marilyn, *würde ich wieder zu ihm ziehen, als wären wir noch verheiratet, und mich um ihn kümmern.* Aber andererseits wollte sie ihn nicht belügen und ihm etwas vormachen. Sie hatte sich erträumt, nach der Scheidung ihr Glück zu finden, aber nun sah es so aus, als wäre das unmöglich. Sie hatte das Gefühl, in eine ausweglose Lage geraten zu sein, was dazu führte, dass sie durch ihr negatives Denken noch mehr Unglück erzeugte.

Wie denken Sie darüber? Finden Sie, Marilyn hätte Bob anlügen und wieder zu ihm ziehen sollen? Wenn eine solche Situation eintritt, ist es wichtig, dass Sie Ihren Fokus verändern. Statt zu denken: »Ich kann nicht glücklich sein«, bejahen Sie:

Ich kann in jeder Situation Glück finden.

Ich werde glücklich sein, ob wir verheiratet sind oder nicht.

Wenn es Marilyn gelang, liebevoll ihr wahres Selbst zum Ausdruck zu bringen, bestand die Möglichkeit, allen Beteiligten Glück zu schenken. Sie versuchte es, und da sie nun das »Sollte« und »Müsste« hinter sich ließ und nach persönlichem Glücklichsein strebte, war sie guter Stimmung, wenn sie Bob besuchte. Schon bald hörte er auf, sie nach ihrer Ehe zu fragen. Vielleicht hatte er kein Bedürfnis mehr nach Antworten, weil sie keine Angst mehr vor seinen Fragen hatte.

Heute kann sich Bob noch immer kaum an ihre letzten gemeinsamen Jahre erinnern, aber er hat zu einer neuen

Normalität gefunden. Als es Marilyn gelang, ihren Frieden zu machen mit der Scheidung und dem, was danach geschah, fand auch Bob Frieden. Heute erzählt sie, wie schön ihre Besuche bei ihm sind und wie glücklich sie darüber ist, dass sie beide nach all den Jahren eine so gute Freundschaft verbindet. 🌿

Der Schmerz, betrogen zu werden

Wir können uns nicht mit dem Ende von Beziehungen befassen, ohne auch auf das Thema Untreue einzugehen. Zwar kann es sehr schwer zu verstehen und zu verarbeiten sein, wenn ein Partner dem anderen nicht treu ist, aber dennoch kann ein solcher Verrat eine Chance für großes persönliches Wachstum sein.

Es ist ein schrecklicher Gedanke, von dem Menschen betrogen zu werden, den wir mit ganzer Seele lieben und den wir ganz und gar zu kennen glauben. Der Mensch, mit dem wir unsere intimsten Momente geteilt haben und der uns der wichtigste ist, hat diese Intimität mit einem anderen geteilt, sich einem anderen hingegeben – sei es für eine Nacht, vielleicht aber gar für Monate oder Jahre, während wir an seiner Seite lebten.

Wie wir diesen Schmerz erleben, hängt oft stark davon ab, auf welche Weise wir es herausfinden. Hat Ihr Partner Ihnen die Sache eingestanden, oder haben Sie es zufällig selbst entdeckt? Haben Sie nach der Wahrheit gesucht? Das Bedürfnis, Einzelheiten herauszufinden, verschlimmert die Wunde noch mehr, weil Sie sich mit diesen Informationen selbst verletzen. Vielleicht hat Ihre Partnerin, Ihr Partner Sie ein einziges Mal betrogen, aber das Wissen um die Einzelheiten ermöglicht es Ihnen, das Fehlverhalten wieder und wieder vor Ihrem inneren Auge abzuspielen. Eine harte Frage, die Sie sich stellen sollten, lautet, ob Sie schon länger einen Verdacht hegten oder ob Sie aus allen Wolken fielen, als Sie es erfuhren. Es ist interessant zu rekapitulieren, in welcher Verfassung Sie sich befanden, unmittelbar bevor der Betrug ans Licht kam. Manchmal hilft das, Ihre eigene Rolle in dem Geschehen besser zu verstehen.

Für die Heilung des Schmerzes spielt es nur eine untergeordnete Rolle, wie Sie es erfahren haben, aber es kann viel über Ihr Denken aussagen. Erwarten Sie aber nicht, Ihre eigene Rolle bereits analysieren und verstehen zu können, während Sie sich noch mitten im akuten Schmerz befinden. Manchmal, Monate oder Jahre später, blicken die Leute zurück und sagen: »Ich war sehr misstrauisch. Ich glaube, insgeheim hoffte ich, dass die Beziehung enden würde. Tief drinnen wusste ich, dass wir nicht wirklich zusammenpassten.« Viele Menschen tun sich mit diesem Konzept schwer, weil sie denken, wenn wir über *ihre Rolle* in dem Geschehen sprechen, meinten wir damit, dass der oder die Betrogene selbst schuld wäre. Doch wir wollen auf etwas ganz anderes hinaus: Natürlich möchte niemand die Erfahrung machen, vom Partner oder der Partnerin betrogen zu werden, aber dennoch kann Ihre Seele eine solche Erfahrung für ihre Entwicklung und Heilung nutzen.

Und es gibt einen weiteren Aspekt, der wichtig dafür ist, den Schmerz aufzulösen und Heilung zu finden. Eine der ersten Fragen, die der Mensch, der betrogen wurde, dem

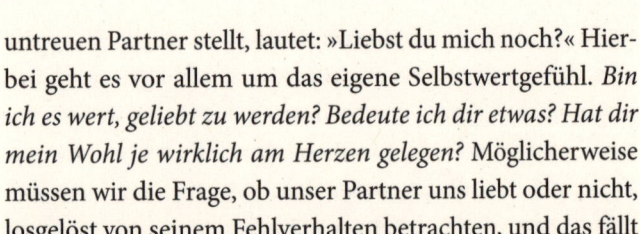

untreuen Partner stellt, lautet: »Liebst du mich noch?« Hierbei geht es vor allem um das eigene Selbstwertgefühl. *Bin ich es wert, geliebt zu werden? Bedeute ich dir etwas? Hat dir mein Wohl je wirklich am Herzen gelegen?* Möglicherweise müssen wir die Frage, ob unser Partner uns liebt oder nicht, losgelöst von seinem Fehlverhalten betrachten, und das fällt uns naturgemäß schwer.

Es gehört zur spirituellen Weisheit, dass dann, wenn es Momente wahrer Liebe in einer Beziehung gab, dies die höchste Wahrheit ist – es *war* Liebe da. Wenn Sie wissen, dass die Liebe einmal existiert hat, dann war diese Liebe real. Demgegenüber werden die Untreue und alles, was damit in Zusammenhang steht, letztlich in den Hintergrund treten. Jedenfalls ist das zu hoffen. Wenn Ex-Partner sich nach Jahren wiedersehen, erkennen sie oft, dass es die Liebe ist, die überdauert, während alles andere verblasst. Vielleicht wird ja daraus einfach eine leise Zuneigung, die Sie für diesen Menschen empfinden, weil Sie einmal Teil seiner Geschichte waren.

Denken Sie aber daran, dass solche Erkenntnisse sich in der Regel erst einstellen, wenn die akute Wut und Enttäuschung sich gelegt haben. Sollte das bei Ihnen noch nicht der Fall sein, hoffen wir, dass Sie die Empfehlungen in diesem Kapitel als Einladung verstehen, Ihre Wut zu verarbeiten und zu lindern. Schließlich schadet die Wut nicht wirklich Ihrem Partner – Sie vergiften sich damit selbst.

• • •

Daisy lebte seit fünf Jahren mit Cliff zusammen. In ihrer Ehe gab es hier und da mal eine Schlechtwetter-

phase, aber das Gute überwog. Daisy war davon ausgegangen, dass es an ihr liegen würde, wenn ihr Sexleben eines Tages nachließ. Sie wusste, dass sie möglicherweise nicht immer so sexuell aktiv bleiben würde, wie sie es während der ersten Ehejahre gewesen war. Sie stellte sich den üblichen stereotypen Ehedialog vor. Eines Tages würde sie sagen: »Nicht heute Abend, Liebling. Ich habe Kopfschmerzen.«

Doch zu ihrer Überraschung war es Cliff, der immer öfter sagte: »Nicht heute Abend, Liebling. Ich bin zu erschöpft.« Anfangs maß sie dem keine große Bedeutung bei, doch dann häuften sich seine Entschuldigungen: Er klagte über Rückenschmerzen, Stress bei der Arbeit und so weiter.

Daisy gab sich selbst die Schuld. Sie dachte: *Wenn Cliff nicht mit mir schlafen will, kann das nur daran liegen, dass ich nicht mehr so attraktiv bin wie früher.*

Von nun an achtete Daisy wieder mehr auf sich. Vielleicht hatte sie sich ja zu Hause ein wenig gehen lassen – kein Make-up aufgelegt, bequeme Schlafanzüge statt Dessous getragen. Sie wusste nicht, was in einer Ehe »richtig« war, aber sie wusste, dass sie nicht zur typischen reizlosen Hausfrau werden wollte. Doch das alles nützte nichts. Cliffs Interesse am Sex schwand sogar noch mehr. Wenn sie ihn darauf ansprach, sagte er: »Sei nicht albern, Liebling. Das ist ganz natürlich. So was kommt eben vor. Ich liebe dich immer noch. Es ist alles in Ordnung.«

»An deinem Aussehen liegt es nicht«, sagte eine ihrer Freundinnen zu Daisy. »Am Anfang einer Beziehung finden wir den Partner so aufregend und interessant. Alles, was er uns erzählt, ist faszinierend. Doch nach ein paar Jahren werden seine Geschichten alt und wiederholen sich. Daisy,

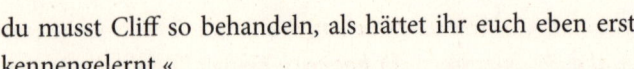

du musst Cliff so behandeln, als hättet ihr euch eben erst kennengelernt.«

Also entdeckte Daisy Cliff von Neuem. Sie hing an seinen Lippen, tat so, als wären seine alten Geschichten neu und aufregend … aber nichts änderte sich. Als sie schließlich seit elf Monaten keinen Sex mehr gehabt hatten, sagte Daisy völlig entnervt: »Cliff, ich habe getan, was ich konnte, um für dich attraktiv zu sein. Siehst du das? Ich treibe Sport, ich trage ständig Make-up, ziehe verführerische Dessous an. Ich tue alles Erdenkliche, damit du dich wie ein Mann fühlst und weißt, wie begehrenswert ich dich finde. Sag mir um Himmels willen endlich, was los ist! Es muss noch einen anderen Grund geben als Stress im Beruf. Schläfst du mit einer anderen Frau?« Wütend stieß sie diese Anschuldigung hervor, etwas, das sie eigentlich für undenkbar hielt.

Doch ihr Mann senkte betroffen den Blick.

Daisy sagte: »Warum reagierst du so seltsam? O Gott, betrügst du mich etwa wirklich? Sag, dass das nicht wahr ist!«

»Es tut mir leid«, sagte Cliff.

Daisy konnte einfach nicht glauben, was sie da hörte. »Wer ist sie?«

»Meine Sekretärin.«

»Deine Sekretärin! Klischeehafter ging es wohl nicht?!«

Es folgten heftige Szenen, Trennung und schließlich die Scheidung. Daisy quälte der Schmerz, derartig betrogen worden zu sein. Nach ein paar Monaten ging sie von der Phase der Leugnung zu heftiger Wut über. Ständig dachte sie: *Da bin ich ins Fitnessstudio gegangen, um für ihn so gut wie irgend möglich auszusehen, und er war die ganze Zeit hinter einer anderen her! Wegen diesem Mistkerl bin ich*

gleich nach dem Aufwachen ins Badezimmer geeilt, um Make-up aufzulegen. Er hat mich in dem Glauben gelassen, ich wäre nicht gut genug für ihn oder es läge am Berufsstress, dass er nicht mehr mit mir schlafen will!

Ihr innerer Dialog änderte sich von Tag zu Tag, bewegte sich aber ständig im gleichen Rahmen: *Und ich habe sein Gerede interessant gefunden! Dabei war es doch immer das Gleiche.*

Dann äußerte sich ihr Schmerz in Form von Selbstvorwürfen. *Wie konnte ich glauben, dass er wieder nett zu mir sein würde, wenn ich besser aussehe? Wie dumm war ich, ihn zu lieben! Wie dumm war ich, mein Herz an jemanden wie ihn zu hängen!*

Was geschehen ist, ist geschehen. Es ist sehr wichtig, dass wir das anerkennen. Während des Trauerprozesses wird uns klar, dass wir zwar die Vergangenheit nicht verändern können, wohl aber die Art, wie wir über sie denken.

Daisy konnte anders über ihre Vergangenheit denken. Sie musste sich nicht auf den Betrug und die Untreue konzentrieren. Wir wissen, das ist schwierig, aber es lohnt sich unbedingt. Es geht nicht darum, dass Sie leugnen, betrogen worden zu sein. Vielmehr konzentrieren Sie sich bewusst auf Ihre Stärken.

Statt zu denken, »Cliff hat mich betrogen«, kann Daisy folgende Affirmation anwenden:

Ungeachtet von Cliffs Verhalten habe ich tief und aufrichtig geliebt.

Statt sich mit Selbstvorwürfen zu quälen und zu denken, wie dumm sie war, kann sie affirmieren:

Meine Instinkte waren gut.

Statt die gesamte Beziehung für einen Irrtum zu halten, kann sie sich sagen:

Die Liebe war real. Aber diese Beziehung sollte nun einmal nicht ewig dauern.

Nach einer gewissen Zeit wäre Daisy dann bereit für spirituell fortschrittliches Denken:

Letztlich kann mich niemand betrügen.

Mein wahres Sein ist über jeden Betrug erhaben.

Als Daisy Affirmationen wie diese anwandte, spürte sie starken inneren Widerstand. Sie musste sich zunächst bewusst machen, dass die Affirmationen das Ziel beschrieben, nicht notwendigerweise Daisys momentanen Zustand. Der Widerstand bedeutete, dass sie sich von noch mehr Wut befreien musste. Zusätzlich zu den Affirmationen musste sie ihre Wut annehmen und zulassen, um sie überwinden zu können. Es erfüllte sie mit Frieden, dass sie Sport getrieben und etwas für ihr Aussehen getan hatte.

Wenn sie in ihrem Trauerprozess das Stadium des Verhandelns erreichen, quälen sich manche Frauen mit Fragen wie: »Wäre er mir treu geblieben, wenn ich mich nicht so gehen gelassen hätte?« oder »Hätte er auch eine Affäre begonnen, wenn ich Make-up benutzt und mich verführerischer gekleidet hätte?« Doch dann gelangen sie ins Stadium der Depression, und es wird ihnen klar, dass ihr Partner sie trotzdem betrogen hätte. Die Untreue hatte gar nichts mit ihnen zu tun.

Die einzige wirkliche Untreue besteht darin, dass wir uns selbst untreu werden, nicht unser authentisches Selbst leben. Letztlich wird es immer wieder geschehen, dass Menschen Fehler machen, aber wir können stets unser Selbstwertgefühl bewahren und uns bewusst sein, dass wir in Beziehungen manchmal zu Verhaltensweisen neigen, die eigentlich unter unserer Würde sind. Und manchmal tun wir negative Dinge, nur um uns an unseren Partnern zu rächen. In solchen Fällen sollten wir vergeben und die Bindung an jene Menschen lösen, die uns Schmerz zufügten.

Wenn Sie Ihrem Ex vergeben, dass er Sie vor 15 Jahren betrog, sagen Sie damit nicht, dass es okay ist, anderen Leid zuzufügen. Sie sagen damit, dass Sie verstehen, dass dieser Mensch einen Fehler gemacht hat – wir alle machen Fehler – und dass Sie nicht länger sich selbst oder Ihre ganze Ehe über diesen Fehler definieren.

Von der Trauer zur Gnade

Molly dachte nach ihrer Scheidung über eine neue Realität nach. Sie wollte ihr künftiges Leben nicht in Wut und Bitterkeit verbringen. Also fand sie einen positiven Weg, die negative Situation zu überwinden. Sie gelangte zu der Einsicht, dass sie in ihrem Leben die Erfahrung, von ihrem Mann betrogen zu werden, selbst erschaffen hatte, um dadurch heiler zu werden und sich positiv weiterzuentwickeln. Gewiss, bis sie diese Einsicht wirklich akzeptieren konnte, war eine Menge Selbstvergebung und innere Arbeit notwendig. Schauen wir uns an, wie sie dorthin gelangte.

Mike, Mollys Mann, ging fremd, und sogleich nach der Trennung von Molly zog er mit der anderen Frau zusammen. Weil der Verlust so schmerzte, war Molly bereit, alles zu tun, um sich besser zu fühlen. Eine Freundin riet ihr, dass sie versuchen sollte, die Trauergefühle zu lieben und sich klarzumachen, dass sie da waren, um den Schmerz zu heilen. Sie erinnerte Molly außerdem daran, sanft und liebevoll mit sich selbst umzugehen.

Molly erinnert sich, wie sie sich damals fühlte: »Anfangs lag ich den ganzen Tag auf dem Sofa und schaute mir Filme an. Viele Tage lang aßen meine Tochter und ich nur Quesadillas, weil ich mich in der Küche zu mehr nicht aufraffen konnte. Jeden Morgen stand ich weinend unter der Dusche und ließ meinen Schmerz heraus. Dann lobte ich mich immer wieder und sagte mir, dass ich wirklich gute Fortschritte machte. Ich gönnte mir viel Ruhe und sagte mir, dass ich es verdiente, von mir selbst geliebt zu werden. Heute sehe ich, wie mein Leben mich geradewegs zu diesen Erkenntnissen hinführte. Es ging nie wirklich darum, von außen Liebe zu bekommen, sondern darum, dass ich lernte, mich selbst zu lieben. Ich hatte Selbsthilfeseminare besucht, alle einschlägigen Bücher gelesen und wusste daher, wie man ›richtig‹ lebt. Aber eben nur in der Theorie. Diese Erkenntnisse in die Praxis umzusetzen wurde für mich zu einer Reise des Herzens.«

Molly war vor ihrer Scheidung immer sehr hart und unbarmherzig gegen sich selbst gewesen. Sie war sich selbst die strengste Kritikerin, machte sich das Leben schwer, und daher überraschte es nicht, dass es dann auch in der Außenwelt passierte. Ihre Haut war schon so dick, dass jede Enttäuschung angesichts des dicken Walls verblasste, den sie errichtet hatte, um sich gegen die harte Landschaft des Lebens abzuschotten. Doch der Schmerz brachte diese Mauer zum Einsturz.

»Die Liebe war der Klebstoff des Universums, den ich noch nie aus erster Hand erlebt hatte«, sagte sie. »Er war immer schon da gewesen, aber ich war noch nicht dafür erwacht. Und wenn ich hart über meine Lebensumstände urteilte, indem ich sagte: ›Du bist eine verschmähte Frau, eine schreckliche Mutter, von deinem Mann verlassen. Du hast ihn vertrieben! Du verdienst ein elendes Leben‹, erzeugte ich das Gefühl, meine eigene Gegnerin zu sein. Ich brauchte die Erfahrung, von meinem Mann betrogen zu werden, um meine Sicht auf mich selbst und das Leben verändern zu können.

Nun öffnete ich mich endlich dafür, auf das Gute zu vertrauen. Ich veränderte meine Perspektive und übernahm die Verantwortung für mein Leben. So entdeckte ich die segensreichen Möglichkeiten, die diese Situation für mich bereithielt.«

Vor Kurzem traf Molly in der Praxis ihrer Therapeutin zum ersten Mal jene Frau, mit der ihr Ex-Mann sie betrogen hatte. Molly sagt dazu: »Alles, was ich tun konnte, war, Tränen der Dankbarkeit zu vergießen. Wäre sie nicht gewesen, hätte mein eigenes Drama sich nicht entfalten können. Dann hätte ich vielleicht nie mein Mitgefühl für mich selbst, meine Welt, andere Leute und die kollektive Reise entdeckt, die wir unternommen haben. Diese Frau hat mir geholfen, meinem Leben zu vertrauen. Der Schmerz, die Untreue, der Verlust, die Sorge und Trauer ... das alles bewirkte, dass ich endlich lernte, meinem Leben zu vertrauen.«

Wie konnte etwas, das sie zuvor als so schlecht beurteilt hatte, sich als so Leben spendend erweisen? Durch die folgende Affirmation entdeckte Molly den Reichtum des Lebens: »Als ich damit aufhörte, mich darauf zu versteifen, dass die Dinge auf bestimmte Weise ablaufen müssen, und mich einfach mich selbst sein ließ, war ich nicht länger ein Opfer der Umstände. Mein Verstand war zunächst skeptisch, aber mein Herz wies mir den Weg. Diese andere Frau spielte für meinen eigenen Lebensweg eine wichtige Rolle.«

Zuvor hatte Molly geglaubt, nichts Gutes im Leben zu verdienen. Aber dann gelang es ihr, sich selbst und alle anderen Menschen in ihre Definition dessen einzuschließen, was für sie göttlich und liebenswert war. So akzeptierte sie schließlich die volle Verantwortung für die Probleme in ihrem Leben und erkannte, dass genau darin der Schlüssel lag.

»Niemals kann ich andere Leute oder äußere Umstände für meine Lebenssituation verantwortlich machen«, sagte sie. »Ich brauchte Monate, um mich diesem für mich neuen Konzept zu öffnen.« Für sie war es etwas radikal Neues, ihr Leben als etwas Eigenes zu betrachten und nicht länger anderen die Schuld an ihrem eigenen Schmerz zu geben. Dazu war es erforderlich, nicht mehr in den Kategorien von Richtig und Falsch zu denken – die andere Frau hatte »falsch« gehandelt, weil sie Molly verletzt hatte. Molly öffnete sich für den Glauben, dass das Universum Heilung und Ganzsein für sie will. Sie begann, Mitgefühl für sich zu empfinden, und ließ endlich den Glauben hinter sich, etwas falsch gemacht zu haben.

Molly wollte einfach nicht mehr gegen sich sein und glauben, die ganze Welt sei gegen sie. Also entschied sie, dass alle Menschen, die ihr begegnen – gute Freunde, flüchtige Bekannte und sogar »die andere Frau« –, integraler Bestandteil ihres »Lebens-Kinofilms« sind und ihr dabei helfen, sich selbst zu entdecken und entfalten und heiler zu werden. Das erfüllte sie mit tiefer Dankbarkeit.

»Als ich die ›andere Frau‹ traf«, erzählt Molly, »sagte ich ihr, wie sehr mich die Sache verletzt hatte. Ich erzählte ihr ganz aufrichtig meine Geschichte. Ich entschuldigte mich dafür, dass ich ihr gegenüber Rachegedanken gehegt oder mir gewünscht hatte, dass andere sie hassten. Ich bedankte mich bei ihr. Ich tat das für mich. Auch ich mache Fehler, und diese Frau ist nicht schlechter als ich. Nur weil ich mich verletzt fühlte und litt, wollte ich, dass alle Welt sie und das, was sie getan hatte, hasste. Früher dachte ich, dass mein Leid gelindert würde, wenn sie litt, aber in Wahrheit hat es mich befreit, ihr zu vergeben. Ich brauchte lange, bis ich mich wirklich bereit für diese Begegnung fühlte, und als es dann so weit war, hatte ich furchtbare Angst.

Es war nicht leicht, dieser Frau gegenüberzutreten, aufrichtig zu sein und eine ganze Stunde lang weinen zu müssen. Aber ich wollte endlich mein volles Potenzial leben und ich wollte frei sein und nach vorn schauen. Ich weiß, dass das Leben mir auch in Zukunft Lektionen bringen wird, die mich zur Gnade führen. Alles dient der Gnade, denn ich habe mich dafür entschieden.«

Molly verwendet unter anderem diese Affirmationen:

Möge sich alles zum höchsten Wohl aller entfalten.

Ich verdiene ein schönes Leben.

*Meine Lebenslektionen führen mich auf dem
Pfad der Gnade.*

*Ich erschaffe mir ein gutes Leben voller wunderbarer
Erfahrungen.*

Molly gibt uns ein Beispiel dafür, wie wir durch die Heilung
unseres Denkens bewirken können, dass alle Beteiligten inspiriert und auf eine höhere Ebene erhoben werden.

Das Wohl der Kinder
an die erste Stelle setzen

Ein großer Teil unseres Denkens wird in der Kindheit geformt. Verbringen Sie während einer Scheidung so viel Zeit
damit, die negativen Gedanken aus der eigenen Kindheit
zu heilen, dass Sie darüber Ihre eigenen Kinder vergessen?
Auch sie leiden unter der Scheidung. Sie verlieren ihr Bild
von Eltern, die immer zusammenbleiben.

Es ist enorm wichtig, dass Sie während einer solchen Zeit
liebevolle Gedanken in die Welt Ihrer Kinder bringen. Wenn
nicht, wird Ihre Selbstbetrachtung zu Egoismus. In einer
Liebesbeziehung ist es ganz natürlich, dass wir uns öffnen,
aber während einer Scheidung neigen wir dazu, unsere
Schutzwälle zu verstärken und uns emotional abzuschotten.

Und was sind diese Wälle?

Sie bedeuten, dass wir uns von anderen Menschen isolieren. Wenn Kinder beteiligt sind, sollten Sie sich daran erinnern, dass Sie diese Wälle aus Schmerz und Wut über den Ex-Partner errichtet haben. Ihre Kinder versuchen dann voller Trauer, diese Wälle zu durchdringen, die sie nicht verstehen können. Wenn Sie sich völlig von diesen bitteren, wütenden Gedanken beherrschen lassen, fügen Sie Ihren Kindern und sich selbst unnötiges Leid zu. Um das zu heilen, müssen Sie wieder liebevolle Gedanken an sich selbst und Ihre Kinder richten. Natürlich ist das nicht leicht, wenn Sie glauben, dass die emotionalen Wälle Sie schützen.

Da ist zum Beispiel Jackie, deren Ehe mit einer bitteren Scheidung geendet hatte. Zwischen Ihr und ihrem Ex-Mann gab es so viel Schmerz, Wut und Verbitterung, dass sie kaum miteinander sprachen.

Dann kam das erste Weihnachten, das sie getrennt verbrachten. Jackie war hin- und hergerissen zwischen ihrer Wut und Bitterkeit gegen den Ex-Mann und dem tiefen Wunsch, das Fest mit ihrer noch nicht ganz zweijährigen Tochter Amanda zu verbringen. Jackie erkannte, dass es eine besondere Zeit im Leben ihrer Tochter war. Der Gedanke, an einem so wichtigen Tag nicht bei ihr zu sein, zerriss ihr das Herz. Sie fühlte einen inneren Konflikt wie nie zuvor.

Also einigte sie sich mit Mark auf folgende Lösung: Amanda würde morgens bei Jackie sein, und Mark würde sie am Nachmittag zu sich holen, was allerdings bedeutete, dass Jackie sich mittags von Amanda trennen musste. Der Gedanke, dass ihr Baby am Nachmittag nicht bei ihr sein würde, bereitete ihr großes Unbehagen. Sie erkannte diese schmerzlichen Gefühle an und akzeptierte sie, aber sie fühlte auch die Notwendigkeit, für die Zukunft andere Möglichkeiten zu visualisieren und zu affirmieren.

Sie sagte: »Ich betete und betete und ich wusste, dass ich eine starke, wirkungsvolle Affirmation brauchte. Ich wollte diese Wut und Sorge nicht. Dann fand ich eine Affirmation, die mein Herz zutiefst berührte:

Ich verzeihe dir und gebe dich frei.

»Ich glaube, ich wiederholte diesen Satz tausendmal am Tag. Ich sagte ihn immer dann, wenn ich an meinen Ex-Mann denken musste. Aber ich meinte damit nicht nur ihn, sondern auch mich selbst, denn ich wusste, dass ich mich wegen meiner Wut und Verbitterung verurteilte. Ich verurteilte mich sogar dafür, dass ich andere verurteilte.«

Bedenken Sie, wie groß Jackies seelischer Aufruhr war. Es ist sehr schwierig, zu beten und gleichzeitig Hassgefühle aufrechtzuerhalten. Und es war praktisch unmöglich für sie, tausendmal am Tag eine Affirmation zu wiederholen und trotzdem verstört und verzweifelt zu bleiben. Es ging ihr besser. Für Jackie funktionierte diese Affirmation ausgezeichnet.

»Ein paar Tage später«, berichtet sie, »hatte sich meine seelische Verfassung spürbar verändert. Ich fühlte mich von Liebe inspiriert. Ich wusste, was ich tun wollte. Ich lud Mark ein, den Weihnachtsmorgen mit meiner Familie zu verbringen, bevor er später Amanda mit zu sich nach Hause nahm. Ich versicherte ihm, dass er sich zu nichts verpflichtet fühlen müsse und es okay sei, wenn er Nein sage. Aber er sei herzlich willkommen. Und dann ließ ich einfach los.«

Ihr Ex-Mann sagte sofort zu, und sie verbrachten einen wundervollen Tag. Jackie hatte erkannt, dass Amanda sich nichts sehnlicher wünschte, als Weihnachten mit der ganzen Familie zu verbringen. Und Jackie wünschte sich nichts sehnlicher, als ihre kleine Tochter vor Freude strahlen zu sehen.

Auch für Jackie gab es an diesem Morgen einige Überraschungen. »Es war ein Wunder«, erzählt sie. »Als ich ihn und unsere Tochter zusammen sah, begann ich plötzlich, meinen Ex-Mann und die Rolle, die er in meinem Leben spielt, auf neue Weise wertzuschätzen. Er ist und war für unsere Tochter immer ein wunderbarer Vater. Der Tag war wunderschön, aber ich erlebte eine weitere Überraschung: Als Mark und Amanda aufbrachen, war mein Herz überhaupt nicht schwer – es fühlte sich leicht und frei an. Es gab keine bitteren oder traurigen Gefühle, ich empfand nichts als tiefe Liebe und Dankbarkeit. Ich brachte die beiden zum Auto, und nachdem ich mich von meiner Tochter verabschiedet hatte, umarmte ich meinen Ex und dankte ihm, dass er den Weihnachtsmorgen mit uns verbracht hatte. Ich wünschte ihm ein frohes Fest und eine schöne Zeit mit Amanda, und ich meinte es ehrlich und von Herzen.«

Jackie hatte erlebt, wie eine einfache Affirmation an diesem Tag unglaublich viel Liebe und Freude in das Leben ihrer ganzen Familie brachte. Und im Grunde verdankten sie alle das Amanda. Jackie wusste jetzt, dass nicht nur ihre eigenen Gefühle wichtig waren, sondern auch das Glück ihrer Tochter. 🌿

Den Schmerz einer Scheidung heilen

Wenn es zu einer Scheidung kommt, ist es üblich, dass nach den Ursachen gesucht wird. Wer hat wem was angetan? Aber denken Sie daran, dass diese Scheidungsgründe Teil der kleineren Geschichte sind. Es gibt eine viel größere Geschichte – die Geschichte Ihrer Liebe und Ihres Lebens, die Reise Ihrer Seele. Ihr Ziel sollte nicht darin bestehen, sich selbst von allem Schmerz und aller Traurigkeit zu befreien, sondern darin, dass Sie eine Vision zukünftigen Glücklichseins entwickeln und alle Barrieren aus dem Weg räumen, die zwischen Ihnen und diesem Glücklichsein stehen – also die Dinge in Ihrem Leben, die nicht gut für Sie sind.

Sie müssen einen Weg finden, Ihrer früheren Partnerin oder Ihrem früheren Partner zu vergeben. So schwer sich das anfühlen mag, es wird Sie letztlich befreien. Groll gegen einen Menschen zu hegen ist wie ein Gift, bei dem Sie hoffen, dass *der andere* daran stirbt, während in Wahrheit *Sie selbst* es trinken. Wenn noch eine dritte Person bei der Scheidung eine Rolle spielt, vergeben Sie auch ihr. Allen Beteiligten zu vergeben mag Ihnen wie eine unmögliche Herausforderung erscheinen, aber es braucht dazu nichts weiter als Ihre aufrichtige Bereitschaft.

Ich bin bereit zu vergeben.

Um den Schmerz einer Scheidung zu heilen, müssen Sie die Verantwortung für Ihr Leben übernehmen. Damit der Schmerz Sie heilen kann, dürfen Sie nicht in der Opferrolle verharren. In Ihrer Ehe und all Ihren Beziehungen gab es bei allem, was Sie als falsch oder schlecht wahrnehmen, stets einen gemeinsamen Nenner – *Sie*. Sie waren in jeder Situation präsent und darum tragen Sie immer auch einen Teil der Verantwortung. Selbst wenn Sie sich wirklich keiner Schuld bewusst sind – versuchen Sie, die Dinge aus einer größeren Perspektive zu betrachten, dann werden Sie erkennen, dass Ihre Seele viele unterschiedliche Erfahrungen wählt, um daran zu lernen und zu wachsen.

Letztlich müssen Sie selbst sich die Liebe geben, nach der Sie suchen. Damit meinen wir nicht, dass Sie sich in Ihrer Selbstliebe genügen sollen, ohne die Nähe anderer Menschen zu brauchen oder sie sich zu wünschen. Vielmehr hoffen wir, dass Sie Ihre eigene innere Liebe entdecken, damit Sie in Ihrer nächsten Partnerschaft nicht wieder wie ein leerer Tank sind, der gefüllt werden muss. Viel besser ist es doch, wenn Sie in diese nächste Partnerschaft als ein von Liebe erfüllter Mensch gehen, der Liebe in jede Situation und jede zwischenmenschliche Beziehung trägt.

Der Schmerz am Ende einer Ehe ist die Trauer um alles, was verloren ist – die zerstörten Träume, das Zerbrechen einer Partnerschaft, von der Sie gehofft hatten, dass sie ein Leben lang dauern würde. Wenn es Ihnen aber gelingt, das Geschehene wirklich zu akzeptieren und nicht mehr dagegen anzukämpfen, werden Sie entdecken, dass die Trauer auch eine Zeit der Erneuerung und Regeneration ist. Sie haben nun die Chance, sich selbst neu zu erfinden, sich neu zu erschaffen. Wer möchten Sie nach der Scheidung sein? Lassen Sie sich nicht durch die Vergangenheit und die Meinungen anderer definieren. Wählen Sie selbst, wer Sie gerne sein möchten. Ein neues Kapitel beginnt, Sie haben Gelegenheit zu einem Neuanfang. Denken Sie nicht: *Für mich ist es zu spät, um noch einmal neu anzufangen.* Das ist nur ein Gedanke, und er ist einfach nicht wahr! Solange Sie hier auf Erden weilen, ist es niemals zu spät für einen Neubeginn. Hier ist eine ausgezeichnete Übung, die Ihnen dabei hilft:

Finden Sie alle negativen Worte, die beschreiben, wie Sie sich nach einer Scheidung fühlen, also zum Beispiel: traurig, hoffnungslos, bemitleidenswert, ungeliebt, ungewollt und so weiter. Notieren Sie sie auf einen Zettel und stecken Sie ihn in einen Briefumschlag. Wählen Sie dann ein Ritual, das Ihnen hilft, sich von diesen Worten zu befreien, sie hinter sich zu lassen. Tun Sie, was immer sich im Moment richtig anfühlt. Vielleicht möchten Sie mit dem Umschlag in der Hand beten oder Sie entscheiden sich dafür, ihn zu verbrennen. Es geht darum, diese Worte liebevoll loszulassen und sich bewusst zu machen, dass sie nicht die Wahrheit Ihres Seins zum Ausdruck bringen.

Überlegen Sie nun, welche positiven Worte beschreiben, wie Sie sich fühlen können und wie Sie sein können. Schreiben Sie diese Worte auf. Denken Sie daran, dass diese Worte jetzt noch nicht wahr sein müssen. Sie müssen sich nur richtig anfühlen und zum Ausdruck bringen, zu welchem Menschen Sie gerne werden möchten.

Hier sind einige Beispiele:

Erstaunlich

Mutig

Inspiriert

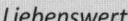

Liebenswert

Wertvoll

Leidenschaftlich

Aufgeschlossen

Lebensfroh

Sympathisch

Abenteuerlustig

Natürlich gibt es noch viele, viele andere positive Worte, die Sie verwenden können – wählen Sie, was sich für Sie momentan richtig anfühlt. Schreiben Sie hinter jedes Wort einen »Ich bin«-Satz. Das wird Ihnen helfen, die Worte wirklich zu verinnerlichen. Zum Beispiel:

Ich bin erstaunlich.

Ich bin mutig.

Ich bin inspiriert.

Ich bin liebenswert.

Ich bin wertvoll.

Ich bin leidenschaftlich.

Ich bin aufgeschlossen.

Ich bin lebensfroh.

Ich bin sympathisch.

Ich bin abenteuerlustig.

Schreiben Sie diese Sätze auf kleine Zettel, die Sie überall anbringen. Absorbieren Sie sie, leben Sie sie!

Und verwenden Sie die folgende Affirmation, um nach der Scheidung auf einem positiven Kurs zu bleiben:

Ich konzentriere mich auf die positiven Möglichkeiten meines zukünftigen Lebens.

Man kann eine Scheidung wie jedes andere Lebensstadium behandeln. Man kann sie als gut oder schlecht betrachten, als Tragödie oder als Gelegenheit zu persönlichem Wachstum. Alle Ehen können erfolgreich sein, ganz egal, wie lange sie dauern. Kein Ex-Mann, keine Ex-Frau hat die Kontrolle über Ihre Zukunft. Nur Sie selbst entscheiden, wie es mit Ihrem Leben weitergeht.

Indem Sie optimistisch in die Zukunft blicken, erschaffen Sie Gutes für sich selbst und die Menschen in Ihrer Umgebung. Das wird gelingen, wenn Sie die Vergangenheit Ihrer Ehe liebevoll hinter sich lassen, Vergebung praktizieren, Ihre Kinder an die erste Stelle setzen und, vielleicht zum ersten Mal, zugleich auch *sich selbst* an die erste Stelle setzen.

Wenn Sie Ihre Scheidung aufgrund von bestimmten religiösen Überzeugungen in einem negativen Licht sehen, kann das eine Gelegenheit sein, das Gute in Ihrer Religion zu entdecken. Viele Menschen wurden zu einer wundervollen Religiosität erzogen, während andere mit toxischen Glaubensvorstellungen aufwuchsen. Eine Scheidung kann Anlass sein, in sich zu gehen und nach echten religiösen Werten zu suchen, statt Dogmen zu folgen.

Eine Scheidung ist ein Ende, aber es kann auch der Beginn von etwas Neuem sein.

Und denken Sie daran: Sie bekommen stets mehr von dem, worauf Sie sich konzentrieren. Wollen Sie in der Vergangenheit leben oder wollen Sie sich auf die Gegenwart konzentrieren und auf Ihr grenzenloses Potenzial für Liebe und Glück?

4

Wenn ein geliebter Mensch stirbt

Verluste erleben wir alle immer wieder, aber der Tod eines geliebten Menschen ruft in uns eine ganz besondere Leere und tiefe Traurigkeit hervor.

Immer wieder versuchen wir, den Sinn des Todes zu verstehen, denn wenn das Leben einen Sinn hat, muss auch der Tod einen Sinn haben. Manche glauben, der Tod wäre ein Feind, der eines Tages über uns triumphieren wird – ein schrecklicher Trick der Natur, der uns brutal besiegt. Wenn man sich solche Glaubenssätze zu eigen macht, erscheint das Leben sinnlos. Wenn Sie jedoch akzeptieren, dass Sie geboren werden, sich zu voller Blüte entfalten und sterben, wenn Ihre Zeit gekommen ist, werden Sie sinnerfüllt leben und auch sinnerfüllt sterben.

Denken Sie daran, dass Ihr Leben weitergeht, auch wenn ein geliebter Mensch gestorben ist. Eine neue, noch unbekannte Welt liegt vor Ihnen, in welcher der Mensch, der gegangen ist, nicht mehr physisch präsent sein wird. Aber vielleicht fühlen Sie, dass er spirituell auf einer anderen Ebene weiterlebt. Denn genau so ist es! So, wie Sie den Verstorbenen zu Lebzeiten geliebt und wertgeschätzt haben, sollten Sie ihn auch jetzt in seiner Abwesenheit lieben.

Ein solcher Verlust und die damit verbundene Trauer ist etwas sehr Persönliches. Jeder Mensch geht damit auf seine eigene Weise um. Es kann sein, dass andere von ihren eigenen Erfahrungen mit dem Tod naher Angehöriger berichten in der Hoffnung, Ihnen damit Trost zu spenden. Doch für Sie spiegelt sich in Ihrer Trauer die einzigartige Liebe wider, die Sie erlebt haben. Ihre Trauer ist der Beweis für diese Liebe. Jede Träne legt Zeugnis dafür ab, wie sehr Sie geliebt und für den anderen gesorgt haben. Niemand sollte versuchen, Ihnen das zu nehmen oder auszureden.

Dennoch können sich in solche Trauergefühle Neurosen und Ängste mischen. Vielleicht verschlimmern Sie Ihren Zustand unnötig, ohne sich dessen bewusst zu sein. Daher sollten Sie lernen, auf Ihr Denken zu achten. Ihre Gedanken können Ihnen Trost spenden, aber manchmal können sie Sie auch in Ihrem Schmerz gefangen halten und unnötiges Leid hervorrufen. Der einzige Weg aus dem Schmerz heraus führt durch ihn hindurch. Sie müssen Ihren Schmerz wirklich fühlen und zulassen, sollten aber nicht in ihm verharren und ihn nicht zum Mittelpunkt Ihres ganzen Lebens machen. Der einzige Weg, in der Zeit der Trauer wieder Liebe zu empfinden, besteht darin, sich selbst gut und fürsorglich zu behandeln.

Sich von Schuldgefühlen befreien

Ryan und seine Frau Kim lernten sich an der Universität kennen, wo beide Jura studierten. Sie jobbte in der Bibliothek, in die Ryan oft kam, um zu lernen. Ryan verlegte seine Bibliotheksbesuche schon bald vom Nachmittag auf den Abend, um möglichst immer dann dort zu sein, wenn Kim Dienst hatte, sodass sie schließlich dachte: *Entweder ist dieser junge Mann extrem fleißig oder er mag mich.*

Jeden Abend ging sie an Ryan vorbei und sagte: »In fünfzehn Minuten schließen wir. Zeit zu gehen.«

An einem Abend antwortete er: »Es ist Zeit, dass wir beide einen Kaffee trinken gehen.«

Aus diesem ersten Treffen wurden schon bald Verabredungen zum Abendessen, und es dauerte nicht lange, da waren sie ein Paar. Nach dem Examen heirateten sie. Kims Mutter hatte als Lehrerin gearbeitet, und so überraschte es nicht, dass Kim sich zum Familienrecht hingezogen fühlte, wobei sie sich hauptsächlich mit Kinderrechten befasste, aber auch Lehrer in Fällen von unrechtmäßiger Kündigung vertrat. Ryan widmete sich dem Immobilienrecht.

Sie zogen drei Kinder groß, und als sie beide Mitte fünfzig waren, unternahmen sie eine zehntägige Kreuzfahrt zum Panamakanal. Unterwegs entdeckte Kim unter der Dusche einen Knoten in der Brust. Sie war besorgt und ärgerte sich, dass sie den Knoten ausgerechnet während der Kreuzfahrt entdeckt hatte und nun den Urlaub nicht mehr so recht genießen konnte. Sie beschloss, die Sache für sich zu behalten, damit ihr Mann sich nicht unnötig Sorgen machte. Sie wusste, dass sie ihre eigene Sorge bis nach der Rückkehr im Zaum halten konnte, aber Ryan hätte sich sofort in ein Nervenbündel verwandelt.

Als sie nach Hause kamen, suchte Kim heimlich ihren Frauenarzt auf. Sie wollte ihrem Mann erst davon erzählen, wenn das Untersuchungsergebnis vorlag. Leider fiel das

Ergebnis nicht so aus, wie sie gehofft hatte. Bei ihr wurde Brustkrebs im vierten Stadium diagnostiziert. Für sie und Ryan bedeutete das einen fürchterlichen Schock. Kim hatte ihre Brüste regelmäßig selbst untersucht und vorher nie eine Veränderung bemerkt. Sie hatte keine Erklärung dafür, wie die ersten drei Stadien des Krebses ihrer Aufmerksamkeit entgehen konnten.

Sofort unterzog sie sich einer aggressiven Chemotherapie und weiteren Behandlungen. Obwohl Kims Körper gut mit der Therapie fertigzuwerden schien, kam es immer wieder vor, dass sie zu Ryan sagte: »Ich glaube, sterben wäre leichter, als das hier ertragen zu müssen.« Nach mehreren Chemobehandlungen wurden Labortests und PET-Scans durchgeführt (ein bildgebendes Verfahren, mit dem festgestellt werden kann, ob der Krebs fortschreitet oder sich zurückbildet). Leider zeigte sich, dass Kims Krebs sehr aggressiv war und die Chemo nur wenig bewirkt hatte.

Einer der behandelnden Ärzte schlug vor, sich um einen Platz in einem Hospiz zu bemühen. Aber zu einem solchen Schritt waren Ryan und Kim noch nicht bereit. Sie glaubten, dass noch Hoffnung bestand und nicht alle Behandlungsmöglichkeiten ausgeschöpft waren. Sie konsultierten weitere Ärzte, doch immer mit dem gleichen Ergebnis. Als Kim körperlich immer schwächer wurde, entschieden die beiden sich schließlich für eine häusliche Hospizpflege. Zunächst fürchtete Kim, dass sie es nicht ertragen könnte, in ihrer Privatsphäre von Krankenschwestern betreut zu werden. Doch die Schwestern erwiesen sich als sehr liebenswürdig.

Eines Tages sagte sie zu ihrem Mann: »Versprich mir, dass du mich gehen lässt, wenn es so weit ist.«

»Nur wenn wir uns irgendwann wiedersehen«, erwiderte Ryan. »Aber komm bloß nicht auf die Idee, im Jenseits mit anderen Männern auszugehen.«

Nach ein paar Wochen Schmerztherapie und Symptombehandlung ging es Kim besser. Sie fühlte sich so kräftig wie seit Monaten nicht mehr. Sie und Ryan scherzten: »Wer hätte gedacht, dass die Hospizpflege so gesund ist!«

Während der nächsten sieben Monate war Kim zwar schwächer als früher, fühlte sich aber besser, weil die Chemotherapie abgebrochen worden war. Man überlegte sogar, die Hospizpflege zu beenden, weil ihr Zustand sich so gebessert hatte. Aber bevor sie diese Entscheidung treffen konnten, ging es ihr plötzlich wieder schlechter. Ihr Arzt sagte, der Krebs breite sich weiter aus.

Kims Welt schien zu schrumpfen, da sie gezwungen war, sich immer mehr zurückzuziehen. Ryan war jeden Tag an ihrer Seite. Sie verabredeten, dass sie sich im Jenseits treffen würden, wie auch immer es dort aussehen mochte.

Kim konnte inzwischen das Bett nicht mehr verlassen, und schließlich verlor sie das Bewusstsein. Die Hospizschwestern waren nun immer öfter bei ihr, und Ryan sah, wie Kims Körper dahinschwand. Nun sagte er zu ihr, was sie damals in der Bibliothek immer zu ihm gesagt hatte: »Zeit zu gehen.« Er flüsterte ihr ins Ohr: »Alles wird gut. Du gehst dorthin, wohin du gehen musst, und dort werden wir uns wiedersehen.«

Doch als Kim im Sterben lag, verlor Ryan die Fassung. Er flehte sie an: »Bitte verlass mich nicht! Du darfst nicht gehen. Bleibe bei mir!«

Ein paar Stunden später war Kim tot.

Eineinhalb Jahre später saß Ryan in einer Selbsthilfegruppe für Trauernde und berichtete, dass ihn Schuldgefühle quälten: »Der Schmerz ist unerträglich, weil ich so furchtbar versagt habe. Ich hatte Kim versprochen, dass ich sie gehen lassen würde, wenn es so weit ist, weil ich wusste, dass ich sie wiedersehen würde. Aber als sie dann tatsächlich starb, geriet ich in Panik. Ich flehte sie an, bei mir zu bleiben. Ich habe mein Versprechen gebrochen.«

Ryan hatte vergessen, dass er ein Mensch ist – das Leben ist kostbar, und er liebte seine Frau unendlich. Als ihr Tod noch nicht unmittelbar bevorstand, konnte er sagen: »Wenn es so weit ist, werde ich dich gehen lassen.« Doch als es dann wirklich so weit war, entsprachen diese Worte nicht mehr seinen authentischen Gefühlen. Nun schämte er sich und quälte sich mit Selbstvorwürfen, weil er ausgesprochen hatte, was er in diesem Moment aufrichtig empfand. Er glaubte, damit sein Versprechen gebrochen zu haben.

In der Gruppe wurde ihm folgende Frage gestellt: »Angenommen, Kim hätte an deinem Sterbebett gesessen und gesagt: ›Bitte geh nicht!‹ Würdest du das als Bruch eines Versprechens interpretieren oder als Beweis ihrer Liebe, die so groß ist, dass sie einfach nicht Lebewohl sagen konnte?«

Das Universum kennt immer die Absicht hinter unseren Worten, liebevoll und ohne uns zu verurteilen. Das Universum hörte nicht, dass Ryan seine Frau nicht gehen lassen wollte. Es hörte nur seine Liebe für Kim, auch wenn er sich selbst immer wieder einredete: *Ich habe am Sterbebett meiner Frau versagt.*

Ryan gelang es schließlich, seinen Schmerz zu verarbeiten. Wenn er sich heute manchmal noch schlecht fühlt wegen dem, was damals geschah, sendet er sich selbst einen liebevollen Gedanken, zum Beispiel:

Ich konnte nicht sagen, dass ich Kim gehen lasse,
weil meine Liebe zu ihr so stark war.

Wenn das nicht hilft, verwendet Ryan diese Affirmationen:

Ich konnte nicht loslassen, weil ich Kim so sehr liebte.
Nun fließt diese Liebe zu ihr, wo immer sie jetzt sein mag.

Ich lasse sie jetzt in aller Liebe gehen. 🌿

Trauer an Geburtstagen und anderen festlichen Anlässen

Geburtstage und andere wiederkehrende Feste sind Zeiten, in denen wir unser Zusammensein besonders feiern. Aber was geschieht, wenn die geliebten Menschen nicht mehr bei uns sind? Diese besonderen Tage gehören zu den Meilensteinen des Lebens, die wir alle miteinander teilen. An der physischen Realität, dass ein geliebter Mensch stirbt, können wir nichts ändern, aber wie wir nach einem Verlust mit der Erinnerung an ihn umgehen, darauf kommt es an.

🌿 Regina, eine alleinerziehende Mutter, überschüttete ihre Tochter Connie mit Zuneigung. Der Vater hatte sie verlassen, als Connie fünf Jahre alt gewesen war. Da Regina als Marketingexpertin für eine große Bankkette arbeitete, konnte sie sich ihre Arbeitszeit selbst einteilen und sorgte dafür, dass sie genug Zeit mit ihrer Tochter verbrachte.

Neben Weihnachten und Silvester liebten Mutter und Tochter es besonders, Geburtstage zu feiern. Regina war am 19. Januar geboren, Connie am 16. März. Reginas Eltern hatten nie viel Aufhebens um Reginas Geburtstag gemacht, und darum legte sie viel Wert darauf, Connies Geburtstage auf schöne Weise zu feiern, damit sie spürte, wie glücklich es Regina machte, dass ihre Tochter auf der Welt war.

Als Connie noch sehr klein war, lud Regina ihre Freundinnen zu den Kindergeburtstagen ein. Doch als Connie zur Schule ging, fing sie an, ihre eigenen Freundinnen einzuladen. Eines Tages fragte Connie ihre Mutter: »Warum feiern wir deinen Geburtstag eigentlich nicht?«

Regina sagte: »Ach, das ist doch eher etwas für Kinder.«

»Ist denn der Tag, an dem du geboren wurdest, nicht auch wichtig?«, entgegnete Connie.

»Ja, aber …«

Connie unterbrach sie: »Deine Freundinnen feiern doch Geburtstagspartys, und da gehst du hin.«

Regina erkannte, dass sie im Grunde selbst nicht wusste, warum sie ihren eigenen Geburtstag nicht feierte. Von da an feierten Mutter und Tochter jährlich zweimal, denn nun gab es auch an Reginas Geburtstag eine Party. Connie fand das wunderbar, und Regina dachte: *Wir machen das ein oder zwei Jahre lang, und dann wird sie das Interesse daran wieder verlieren. Geburtstagspartys sind ziemlich viel Arbeit!*

Doch nach ein paar Jahren hatte Regina Gefallen daran gefunden, beide Geburtstage zu feiern.

Fünfundzwanzig Jahre vergingen. Inzwischen war Connie Mitte dreißig und Regina Mitte fünfzig. Connie war verheiratet und hatte inzwischen eigene Kinder. Regina wohnte etwa eine Autostunde entfernt, wo sie ein kleines Haus in einem Vorort gekauft hatte. Sie ließ das Haus renovieren und arbeitete von dort aus als freiberufliche Marketingberaterin. Über all die Jahre hielten Mutter und Tochter an der Tradition fest, ihre beiden Geburtstage zusammen zu feiern.

Weitere fünfzehn Jahre später: Die Tradition hatte sich inzwischen umgekehrt. Nun fuhr Connie mit ihren Kindern zur Oma, um Reginas Geburtstag zu feiern, wobei sie immer noch einige von Reginas Freundinnen mitbrachten. Weil Regina, die nun die siebzig überschritten hatte, es ruhiger angehen ließ, beschränkten sich die Partys inzwischen auf ein gemeinsames Essen mit Kaffee und Kuchen zum Dessert.

An ihrem 72. Geburtstag begrüßte Regina ihre Familie und die Freunde wie gewohnt. Ein neu zugezogener Nachbar, der zum ersten Mal eingeladen war, bemerkte: »Ich habe noch nie erlebt, dass eine Tochter so viel Aufwand um den Geburtstag ihrer Mutter betreibt.«

Im folgenden Jahr begann Regina, sich schwach zu fühlen. Sie war ständig müde und klagte über Magenbeschwerden. Bei einer ärztlichen Untersuchung wurde Magenkrebs festgestellt.

Anfang März brachte Connie ihre Mutter für eine zweite Chemotherapie ins Krankenhaus. Einmal während der Behandlung schaute Regina sich im Infusionszimmer um und sagte zu ihrer Tochter: »Bald hast du Geburtstag. Ich fürchte, ich kann diesmal nicht dabei sein.«

»Sei nicht albern, Mama. Dann werden wir meinen Geburtstag eben hier bei dir feiern. Ich habe gesehen, dass an dem Tisch im Schwesternzimmer Platz für sieben ist. Warum feiern wir also nicht einfach hier?«

Regina erwiderte: »Wir können ja die Infusionsgestelle mit Ballons dekorieren.« Beide lachten.

Als Connie am Abend mit ihrem Mann Greg über ihren bevorstehenden Geburtstag sprach, sagte er: »Bis dahin ist deine Mutter längst wieder entlassen. Sie würde auf keinen Fall wollen, dass du deine Party absagst. Wenn sie früher als sonst müde wird, fahre ich sie nach Hause.«

Regina bekam Fieber. Sie musste im Krankenhaus bleiben, solange die Infektion nicht abklang. Doch es gelang den Ärzten nicht, die Ursache für das Fieber zu finden. Innerhalb weniger Tage verschlechterte sich ihr Zustand dramatisch. Wie die Ärzte erklärten, sprach Reginas Körper nicht auf die verabreichten Antibiotika an, und es hatte sich eine Sepsis entwickelt. Sie befürchteten, dass es zu Atemproblemen kommen würde.

Connie sagte zu ihrem Mann: »Bitte rufe unsere Freunde an und sage meine Geburtstagsparty ab.«

Sie wachte jede Nacht am Bett ihrer Mutter, und die anderen Verwandten und Freunde blieben tagsüber bei Regina. Als Regina schließlich das Bewusstsein verlor, blieb Connie rund um die Uhr im Krankenhaus. Eine Freundin, die zu Besuch kam, fragte, ob sie irgendwie helfen könne.

»Danke. Dass du meine Mutter besucht hast, war bereits eine wunderbare Hilfe.«

»Falls wir uns morgen nicht sehen«, sagte die Freundin, »wünsche ich dir schon einmal alles Gute zum Geburtstag.«

Erst da fiel Connie wieder ein, dass sie ja morgen Geburtstag hatte. »Oh ja, daran habe ich gar nicht mehr gedacht«, sagte sie. »Ich werde ihn mit meiner Mutter verbringen, wie jedes Jahr.«

Sie bat eine Freundin, ein paar Luftballons mitzubringen, weil sie sicher war, dass Regina am Geburtstag ihrer Tochter aufwachen würde. Connie bat ihre Familie und ihre Freundinnen und Freunde, während des Tages im Krankenhaus vorbeizuschauen und ihr dort zu gratulieren, denn sie hoffte immer noch, dass Regina aufwachen würde. Doch gegen 15 Uhr verschlechterte sich Reginas Zustand plötzlich. Der behandelnde Arzt sagte zu Connie: »Ihrer Mutter geht es nicht gut. Wir müssen sie auf die Intensivstation verlegen.«

»Ich muss bei ihr sein.«

»Selbstverständlich«, sagte der Arzt.

Nach ein paar Stunden auf der Intensivstation wurde Connie klar, dass ihre Mutter wahrscheinlich sterben würde. Dann stürzte ohne Vorwarnung plötzlich ein Ärzteteam herein, und Connie wurde aufgefordert, vom Bett ihrer Mutter zurückzutreten, damit die Ärzte eine Herz-Lungen-Wiederbelebung durchführen konnten.

Reginas Pulsfrequenz sank dramatisch, und nach wenigen Minuten war es vorbei. Ihre Mutter war tot.

Später reagierte Connie überrascht, wenn die Leute zu ihr sagten: »Du meine Güte! Wie furchtbar, dass deine Mutter ausgerechnet an deinem Geburtstag gestorben ist.« Oder: »Da war dein Geburtstag ja völlig ruiniert. Wie traurig, dass der Tod deiner Mutter nun immer mit deinem Geburtstag verbunden sein wird.« Connie selbst sah die Sache nämlich gar nicht in einem negativen Licht.

In den folgenden Monaten wunderte sie sich immer wieder darüber, wieso alle es für schlimm hielten, dass Regina an Connies Geburtstag gestorben war. Ihr Mann fragte sie: »Warum siehst du das ganz anders?«

»Die Leute denken, meine Mutter und ich stünden an meinem Geburtstag nicht miteinander in Verbindung. Das ist aber doch Unsinn, wenn man bedenkt, dass sie mich an diesem Tag zur Welt brachte. Warum sollte ich an meinen künftigen Geburtstagen traurig sein, nur weil meine Mutter an einem dieser Tage gestorben ist? Ich sehe es so, dass sich auf wunderbare Weise ein Kreis geschlossen hat. Sie war bei mir, als ich in dieser Welt meinen ersten Atemzug tat, und ich war bei ihrem letzten Atemzug an ihrer Seite. Und das war das kostbarste Geburtstagsgeschenk, das sie mir geben konnte.«

Wie viele von uns verbinden negative Gefühle mit dem Todestag geliebter Menschen? Wenn sie an einem besonderen Tag, vielleicht einem Festtag, starben, erzählen wir immer wieder, wie dieser Tag dadurch doch ruiniert wurde.

Denken Sie über Connies Deutung nach. Sie hatte überhaupt nicht das Gefühl, dass ihr Geburtstag durch den Tod ihrer Mutter ruiniert wurde – im Gegenteil, sie empfand es so, dass dieser Tag dadurch ganz besonders bereichert wurde.

Die Worte, die wir wählen, haben einen enormen Einfluss auf unsere Innenwelt. Es ist ein fundamentaler Unterschied, ob ein Tag durch ein Erlebnis *ruiniert* oder *bereichert* wird.

Nach einer Erfahrung, wie Connie sie machte, würden viele Menschen sagen: »Ich werde nie wieder einen schönen Geburtstag erleben können.« Oder: »Von jetzt an wird über meinem Geburtstag immer eine dunkle Wolke schweben.«

Connie dagegen denkt:

Ich erinnere mich voller Liebe an meine Mutter.

In Liebe und Dankbarkeit feiere ich meinen Geburtstag.

Durch meine Mutter wurden meine Geburt
und mein Leben überhaupt erst möglich gemacht.

Heute feiere ich meine Geburt und meine Mutter,
die mich zur Welt brachte. 🌿

• • •

Nach dem Verlust naher Angehöriger bekommen Jahrestage oft eine eher schmerzliche Bedeutung. Wir fügen neue Jahrestage hinzu, etwa den Todestag des geliebten Menschen. Jedes Symbol des wiederkehrenden Todestages wird wichtig für uns: ein Monat, sechs Monate, ein Jahr und so weiter.

🌿 Adrian wusste nie, was sie am Jahrestag des Todes ihrer Mutter tun sollte. Sie versuchte, sich durch Aktivität abzulenken, indem sie zum Beispiel einen Ausflug machte. Aber sie konnte ihrem Schmerz nicht entkommen. Schließlich gelangte sie zu dem Schluss, dass der einzige Weg aus dem Schmerz durch ihn hindurchführte. Sie beschloss, von nun an jedes Jahr am Todestag der Mutter ihr Grab zu besuchen.

In den folgenden Jahren saß Adrian an diesem Tag am Grab ihrer Mutter. Sie weinte und ließ all ihre Traurigkeit heraus. Sie empfand es als heilend, wenn die Tränen ihr über die Wangen liefen und auf die Erde tropften. Doch als der Tag sich wieder einmal jährte und sie das Grab besuchte, wollten zu ihrer Überraschung keine Tränen fließen.

Sie fragte sich, was mit ihr geschehen war: Zum ersten Mal war sie bei dem Gedanken an ihre Mutter nicht von Traurigkeit, sondern von Liebe erfüllt. Weil sie es sich zugestanden hatte, wirklich frei und ungehemmt zu trauern, war sie nun über die Trauer zur Liebe gelangt. Jetzt konnte sie dankbar sein für die Rolle, die ihre Mutter in ihrem Leben gespielt hatte.

Jahrestage können Anlass sein, uns selbst für unsere Stärke und unseren Mut zu ehren. Sie können Tage sein, an denen wir geliebte Verstorbene ehren. Vor einem Jahr oder vor vielen Jahren waren Sie ein anderer Mensch, aber das Leben hat sich verändert. Der Mensch, der Sie waren, hat sich für immer verändert. Ein Teil Ihres alten Selbst ist mit dem geliebten Menschen gestorben, aber ein Teil von ihm lebt in Ihrem neuen Selbst weiter. Das kann ein heiliger Übergang zu etwas Neuem sein, statt es ausschließlich als Verlust zu betrachten.

Heute ehre ich den geliebten Menschen,
der gegangen ist.

An diesem Jahrestag erinnere ich mich in Freude
und Dankbarkeit an einen Menschen, den ich liebe.

• • •

An Feiertagen ehren wir unsere Gemeinschaft mit anderen. Wenn ein Ihnen teurer Mensch gestorben ist, geht damit etwas von dieser Gemeinschaft verloren, die Sie zusammen feierten. An Feiertagen empfinden wir diesen Verlust als besonders schmerzlich, denn die Traurigkeit ist schlimmer als sonst, die Einsamkeit größer. Viele Leute fühlen sich an solchen Tagen als Opfer ihrer Erinnerungen, jedoch das muss nicht so sein. Sie können die Kontrolle darüber übernehmen, auf welche Weise Sie sich an den geliebten Menschen erinnern, und Sie können selbst entscheiden, wie Sie diesen Menschen an einem Feiertag ehren oder seiner gedenken.

Für manche macht es Sinn, den Feiertag zu ignorieren. Aber für andere macht es Sinn, den Tag bewusst nach eigenen Vorstellungen zu gestalten. Und Sie sind keineswegs verpflichtet, den Tag so zu begehen, wie es traditionell immer schon gemacht wurde. Einfach einer althergebrachten Routine zu folgen, kann sich sinnentleert anfühlen – und die Einsamkeit schlimmer denn je machen.

 Nachdem Maries Mann gestorben war, versuchten sie und ihre Töchter, wie so viele Familien, weiterzumachen wie bisher. Glücklicherweise verfügte Marie über die Intuition, genau zu spüren, dass das nicht funktionierte. Auch war ihr bewusst, dass sie einen Weg finden mussten, Schmerz und Trauer Raum zu geben.

»Die Festtage waren für uns als Familie immer sehr wichtig«, erzählt sie. »Doch nun ist da diese große Leere. Heute erinnert uns jeder Festtag daran, dass er nicht mehr bei uns ist. Wir versuchten, weiterhin zusammen zu feiern, glaubten, wir könnten alles so machen wie vorher. Aber schnell erkannten wir, dass uns das nicht möglich war – nicht ohne meinen Mann. Es war einfach zu schwierig und traurig.

Das erste Weihnachten ohne ihn standen wir irgendwie durch, weil wir uns sagten: ›Okay, das Leben geht weiter.‹ Im nächsten Jahr stellten wir zwar den Weihnachtsbaum auf, brauchten aber eine ganze Woche, um ihn zu schmücken. Wir brauchten Zeit, zu trauern, ohne das krampfhafte Bemühen, glücklich zu sein. Denn wir waren alle sehr, sehr traurig. Dann kamen wir überein, für ein paar Jahre kein Weihnachten zu feiern. Wir entschieden, dass wir eine neue Tradition beginnen würden, wenn wir es wieder einführten.«

Marie entschied sich dafür, sich und den anderen kein Glücklichsein vorzugaukeln, während sie und ihre Kinder in Wahrheit trauerten. Sie wusste, was richtig für sie war, und sie vermittelte ihren Töchtern, auf ihre authentischen Gefühle zu hören, die ihnen sagten, dass sie ohne den Vater nicht in der bisherigen Form Weihnachten feiern wollten. Marie berichtet sogar, dass die Familie sich dadurch näher fühlte als zuvor. Dann, nach einer gewissen Zeit der Heilung, waren Marie und ihre Familie wieder bereit, Weihnachten zu feiern, aber nicht wie früher, sondern auf neue Art.

Marie dachte nicht: *Lasst uns so tun, als wäre nichts geschehen. Lasst uns eine tolle Zeit zusammen verbringen, obwohl wir in Wahrheit traurig sind.* Stattdessen bejahte sie:

Wir streben miteinander nach Freude ohne den Druck, anders sein zu müssen, als wir gegenwärtig sind.

• • •

Vielleicht fällt es Ihnen schwer, einen Feiertag *nicht* zu begehen, andererseits möchten Sie aber authentisch bleiben und keine Gefühle vortäuschen. Dann können Sie den Verlust auch in das Feiern integrieren, indem Sie dafür Zeit und Raum schaffen. Vielleicht schließen Sie den geliebten verstorbenen Menschen in ein gemeinsames Tischgebet ein

oder Sie zünden eine Kerze für ihn an. Eine einfache Geste des Einbeziehens kann der ewig währenden Liebe in Ihrem Herzen Ausdruck verleihen. Dem schmerzlichen Verlust Raum zu geben und ihn anzuerkennen ist oft viel leichter, als dagegen anzukämpfen.

Bejahende Gedanken hierzu können folgendermaßen aussehen:

Auch wenn dies das erste Weihnachten ohne unsere Mutter ist, werden wir am Esstisch ihren Namen aussprechen und uns liebevoll an sie erinnern.

Wir zünden diese Kerze im Namen unserer Schwester an und senden ihr Liebe.

Lasst uns schöne Erinnerungen und Geschichten über den geliebten Menschen miteinander teilen, der in unseren Herzen weiterlebt.

Es ist gut möglich, dass Ihr Denken negativ wird, und vermutlich werden Sie Traurigkeit empfinden. Das ist normal und menschlich. Vielleicht vergeht kein Tag, an dem Sie den geliebten Menschen nicht vermissen. Vielleicht fühlen Sie sich einsam. Achten Sie aber darauf, welche Gedanken Sie immer wieder denken. Wenn Sie ständig negative Gedanken wiederholen, kann Sie das in eine tiefe Dunkelheit führen, womit Sie weder dem geliebten Verstorbenen noch sich selbst Gutes erweisen.

Manchmal ist der Tod eines Menschen mit einem bestimmten Feiertag verbunden. Vielleicht starb Ihr Mann am Tag vor dem Valentinstag, dem Muttertag oder Vatertag. Nie werden Sie vergessen, dass er unmittelbar nach Ostern starb oder Weihnachten das letzte gemeinsame Fest war. Von da an werden diese Festtage nie mehr so sein wie vorher. Die Frage ist: Nutzen Sie solche Tage für ein liebevolles Gedenken oder machen Sie sie zu Tagen wiederkehrender Düsternis? Es ist völlig natürlich, wenn Sie anfangs denken, sich an diesen Tagen *nie wieder* freuen zu können. Doch mit der Zeit gelingt es den meisten Menschen, einen neuen Sinn in den Traditionen solcher Feste zu finden und an diesen Tagen die Liebe zu feiern, statt nur den Verlust zu betrauern.

Nach dem Verlust eines nahen Angehörigen sind Feiertage anfangs besonders schwer durchzustehen. Achten Sie dabei auf Ihre individuellen Gefühle und Bedürfnisse. Wirklich wichtig ist, dass Sie sich für die Liebe öffnen, die in dem Schmerz über den Verlust zum Ausdruck kommt.

An diesem Feiertag ehren wir die Liebe mehr als den Verlust.

Feiertage und Feste sind Teil unserer Reise, und wir sollten die damit verbundenen Gefühle zulassen und ehren. Konzentrieren Sie sich auf die Liebe und die gemeinsamen Erinnerungen. Letztlich müssen Sie selbst entscheiden, mit welchem Inhalt Sie solche Tage füllen.

Suchen Sie nach positiven Formulierungen und Deutungen. Worte können Sie niederdrücken oder Ihnen Kraft und Mut verleihen. Schmerz und Trauer können Sie verwunden, aber positives Denken und Liebe bringen Heilung.

Heute gedenken wir eines wunderbaren, geliebten Menschen.

Verantwortung und Schuld

Wenn der Tod in unsere Welt einbricht, suchen wir häufig nach Gründen. Wir ziehen ärztliche Fehldiagnosen, selbstzerstörerisches Verhalten oder mangelnde menschliche Zuwendung als Erklärungen heran, weil es uns schwerfällt, den Tod zu akzeptieren. In der Notaufnahme, nach einem Verkehrsunfall, fragen Ärzte oder Pfleger: »War sie angeschnallt?« Wenn jemand mit Lungenkrebs ins Krankenhaus kommt, fragt man: »War er Raucher?« Wenn wir eine Erklärung dafür finden, warum ein geliebter Mensch sterben musste, können wir vielleicht seine Fehler vermeiden, sodass der Tod uns verschont.

In der westlichen Welt scheinen die Leute regelrecht zu glauben, der Tod wäre vermeidbar – aber das ist natürlich eine Illusion. Geboren zu werden heißt, der ungeschriebenen Abmachung zuzustimmen, eines Tages sterben zu müssen. Wo Sonne ist, gibt es Schatten. Wo Leben ist, gibt es den Tod. Es ist ein bisschen arrogant, wenn wir glauben, dem Tod irgendwie ausweichen zu können.

In dem beliebten Kinofilm *Und täglich grüßt das Murmeltier* durchlebt die Hauptfigur Phil, gespielt von Bill Murray, denselben Tag wieder und wieder. Das ermöglicht es ihm, seinen Umgang mit den Erfahrungen des Lebens zu verändern. Der Film veranschaulicht, dass sich zwar die äußeren Ereignisse nicht wandeln, Phil aber die Möglichkeit hat, so vielfältig auf sie zu reagieren, dass der Tag ein völlig anderer wird. Als Phil den Tod eines Obdachlosen miterlebt, beschließt er, dessen Leben zu verändern. Als er den Tag wieder durchlebt, will er dem Obdachlosen Geld geben. Dann

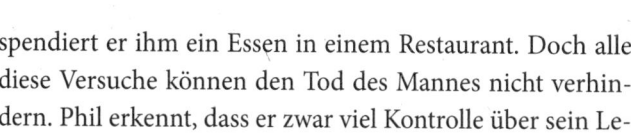

spendiert er ihm ein Essen in einem Restaurant. Doch alle diese Versuche können den Tod des Mannes nicht verhindern. Phil erkennt, dass er zwar viel Kontrolle über sein Leben hat, der Tod sich jedoch seiner Kontrolle entzieht.

Viele Menschen reden sich ein, dass sie nicht sterben, wenn sie ihr Verhalten verändern. Damit soll nicht gesagt werden, dass es sinnlos wäre, sich gesund zu ernähren, Sport zu treiben oder andere gesunde Entscheidungen zu treffen, weil der Tod ja sowieso unvermeidlich ist. Vielmehr ernähren wir uns gesund, treiben regelmäßig Sport und treffen gute Entscheidungen, weil wir damit unseren Körper liebevoll behandeln.

Wenn jemand darin einen Widerspruch sieht, können wir dem entgegenhalten: »Man sollte diese Dinge tun, weil sie gut für den Körper sind.« Sie erhöhen die Wahrscheinlichkeit, lange und gesund zu leben, aber wir sollten sie nicht tun, weil wir Angst vor dem Tod haben und ihm entrinnen wollen.

Denken Sie daran, dass Sie einerseits für Ihre Gesundheit verantwortlich sind, andererseits aber Krankheit keine Frage von Schuld ist. Es ist sinnvoll und hilfreich, sich über Gesundheitsrisiken zu informieren und eine gesunde Lebensweise anzustreben, aber daraus folgt nicht, sich Vorwürfe zu machen, wenn Sie krank werden, oder es als persönliches Versagen zu betrachten, wenn Sie sterben müssen.

Die Suche nach den Schuldigen

Wenn etwas Schlimmes geschieht, suchen wir zunächst unwillkürlich nach Schuldigen.

Die neunzehnjährige Anita studierte Tanz. Cathy, die studentische Aufsicht von Anitas Wohnheim auf dem Universitätscampus, studierte ebenfalls Tanz, aber in einem höheren Semester. Anita mochte Cathy sehr gern, die auf eine sehr liebe Art ein bisschen die Mutterrolle übernahm. Sie schlichtete Streitigkeiten und hatte einen sehr positiven Einfluss auf die jungen Leute in dem Wohnheim.

Auf dem Weg zu ihrem Zimmer traf Anita eines Tages Cathys Freund Bert. »Hey, hast du Cathy gesehen?«, fragte er sie.

»Heute noch nicht.«

»Wenn sie dir über den Weg läuft, sag ihr, dass ich in der Cafeteria bin.«

Als Anita den Aufenthaltsraum betrat und dort Cathy begegnete, gab sie Berts Nachricht weiter.

Cathy bedankte sich und ging in die Cafeteria.

Ungefähr eine Stunde später erfuhr Anita, dass es auf der Hauptstraße einen schrecklichen Unfall gegeben hatte. Es stellte sich heraus, dass Cathy von einem Auto überfahren worden war. Sie war auf der Stelle tot. Anita war zutiefst geschockt und bestürzt. Als etwas Zeit verstrich, wurde ihr klar, dass Cathy möglicherweise noch am Leben gewesen wäre, wenn sie ihr nicht Berts Nachricht überbracht hätte.

Bei der Beerdigung dachte Anita über ihre Rolle beim Tod der Freundin nach. Niemand hatte etwas Derartiges geäußert, aber sie selbst empfand diese Schuld und sprach mit einigen ihrer Freundinnen darüber. Eine sagte zu ihr: »Dich trifft keine Schuld. Du konntest doch nicht wissen, was geschehen würde.« Eine andere Freundin sagte: »Du hast doch nur getan, worum Bert dich gebeten hatte. Du wolltest doch nur freundlich sein.«

Anita wusste, dass die beiden recht hatten, und dennoch fühlte sie sich verantwortlich. Immer wieder sagte sie sich: *Ich hätte meinen Mund halten sollen.* Ständig ging ihr der Satz durch den Kopf: *Hätte ich es ihr nicht gesagt, wäre Cathy noch am Leben.*

Zum damaligen Zeitpunkt ihres jungen Lebens war Anita sehr naiv. Sie glaubte tatsächlich, dass sie eine Mitschuld am Tod ihrer Freundin hatte. *Bevor ich auf der Bildfläche erschien, war für Cathy alles wunderbar,* dachte sie. *Ich muss ein schlechter Mensch sein. Situationen verschlechtern sich, wenn ich mich einmische. Von mir geht ein unheilvoller Einfluss aus.* Immer wieder dachte sie: *Ich bringe anderen Pech.*

Bald darauf brach Anita ihr Studium ab und ließ sich auf einige fürchterliche Beziehungen ein. Die nächsten fünf Jahre ihres Lebens waren die reinste Hölle. Sie verlor den Kontakt zu fast ihrem gesamten bisherigen Freundeskreis, weil sie ständig umzog und keinen Job lange behielt. Sie war bereit, fast jede Arbeit anzunehmen, nur um ein paar Dollar zu verdienen.

Eines Tages führte ihr rastloses Leben sie wieder in die kleine Universitätsstadt zurück, wo das alles begonnen hatte. Wie es das Schicksal wollte, lief sie ausgerechnet Bert über den Weg, der nach seinem Examen Psychologieprofessor an seiner einstigen Uni geworden war. Bert hatte keine Ahnung, was inzwischen mit Anita passiert war, denn es kommt schließlich immer wieder vor, dass Leute ihr Studium abbrechen. Aber als sie sich eine Weile unterhielten, wurde ihm klar, dass Anitas Leben völlig aus den Fugen geraten war.

»Anita, dich trifft keine Schuld an Cathys Tod. Wenn du so denkst, dann war es *meine* Schuld, dass ich dich bat, sie zu mir in die Cafeteria zu schicken. Aber ich hätte doch niemals absichtlich etwas getan, das ihren Tod zur Folge gehabt hätte.«

»Natürlich nicht«, sagte Anita. »Ich weiß, wie sehr du sie geliebt hast. Warum sollte also irgendjemand denken, dass du schuld an ihrem Tod bist?«

»Wenn das für mich gilt, warum nicht auch für dich?«

Da erkannte Anita plötzlich, was sie sich selbst angetan hatte. Sie und Bert wurden gute Freunde, und er half ihr einzusehen, dass nicht Cathys Tod der Grund für Anitas Lebenskrise war, sondern ihr eigenes Denken.

Anita begriff nach und nach, dass er recht hatte, und fing an, mit anderen über das zu sprechen, was Bert ihr sagte. Dass er, der sich praktisch in der gleichen Situation befand, ihr diese Dinge vermittelte, gab ihr den entscheidenden Anstoß. Der Schlüssel bestand für sie darin, sich ihres eigenen Denkens bewusst zu werden. Sie hatte aus ihrer Trauer über Cathys Tod einen Teufelskreis aus Selbstvorwürfen und Schuldgefühlen gemacht. 🌿

Wenn wir uns selbst oder anderen die Schuld geben, ist niemandem gedient. Und wir finden keinen Frieden. Der geliebte Mensch, der gestorben ist, hätte niemals gewollt, dass sein Tod unser Leben ruiniert. Ein Todesfall erinnert uns an die Liebe, die wir schenken können, und an das Leben, das noch vor uns liegt. Wir ehren die geliebten Verstorbenen dadurch, dass wir etwas Gutes aus der uns verbleibenden Zeit machen.

Wären wir wirklich völlig verantwortlich für Leben und Tod eines anderen Menschen, würden wir natürlich für ihn das Leben wählen. Denken Sie an Anita und Cathy. Hätte Anita wirklich darüber entscheiden können, hätte sie gewiss für Cathy das Leben gewählt und nicht den Tod. Dass Cathy trotzdem starb, bedeutet, dass Anita darüber keine Kontrolle hatte.

Ich bin nur für mein eigenes Leben verantwortlich.

Mein Leben ist ein Geschenk.

Ich befreie mich von aller Schuld und allen Selbstvorwürfen.

Negative Deutungen überwinden

Jack verabschiedete sich gut gelaunt von seinen Mitarbeitern, um mit seiner Frau eine einwöchige Kreuzfahrt zu unternehmen. Er versprach ihnen, dass er auf dem Schiff keine Minute an seinen Job denken würde. Sie wussten, dass ihm das nicht leichtfallen würde, denn als Prokurist einer großen Hotelkette hatte er sich schon seit vielen Jahren keinen Urlaub mehr gegönnt.

Während Jacks Abwesenheit hofften seine Mitarbeiter, dass er seinen Urlaub genoss, statt professionell die Qualität der Mahlzeiten und den Kabinenservice zu analysieren. Drei Tage vor seiner Rückkehr lief alles ziemlich gut ohne ihn – seine Leute vermissten ihn, waren aber stolz darauf, wie gut sie alles zu seiner Zufriedenheit bewältigten.

Dann kam ein Telefonanruf. Jack hatte an Bord des Kreuzfahrtschiffes einen tödlichen Herzinfarkt erlitten. Sein geschocktes Team verbrachte die nächsten Tage damit, mit dieser Nachricht fertigzuwerden. Die Zentrale der Hotelkette schickte einen psychologischen Berater, um den Mitarbeitern bei der Bewältigung der Situation zu helfen. Was die einzelnen Angestellten sagten, verdeutlicht sehr gut, wie sie mit ihrer Trauer und Betroffenheit umgingen.

Jim, der Chefkoch, sagte: »Ich werde niemals Urlaub machen. Im Ernst, der Boss hat nie zuvor Urlaub gemacht. Dann hat er es getan. Und was passiert? Er fällt tot um.«

Jeannette, die Leiterin des Zimmerservices, sagte: »So ist das Leben! Da versucht jemand, sich etwas Gutes zu gönnen und ein bisschen Spaß zu haben, und dann das!«

Julie, ein Mitglied der Hotelleitung, meinte: »Jack war so ein liebenswürdiger Mensch. Er war immer diszipliniert und leistete gute Arbeit. Und jetzt ist er gestorben, noch bevor er seinen Lebensabend genießen konnte.«

Bei allen diesen Aussagen handelt es sich um negative Deutungen. Vielleicht haben wir das Gefühl, jemand wäre viel zu früh gestorben, und vielleicht werden wir das »Warum« niemals verstehen. Aber wie wirken sich solche negativen Deutungen auf unser eigenes Leben aus? Was, wenn das Leben eines jeden Menschen in unserem Umfeld eine Lektion für uns bereithält und ebenso auch der Tod? Können

wir auf Jacks Leben zurückblicken und diese Lektionen entdecken, die es für uns bereithält? Seine Mitarbeiter sagten
von ihm, dass er seine Arbeit liebte. Können wir sagen:

Es ist wunderbar, dass Jack die Dinge tat,
die er tun wollte.

Wenn wir ihn beurteilen, womit wir immer auch über uns
selbst urteilen, erkennen wir vielleicht, dass er sich zu wenig
Zeit nahm, das Leben zu genießen. Also können wir affirmieren:

Jacks Leben und sein Tod mahnen uns,
ein ausgewogenes Leben zu führen.

Auch können wir von Jack lernen, uns Zeit für einige wichtige Fragen zu nehmen:

- Führe ich ein Leben, das wirklich meinen Wünschen
  entspricht?

- Müsste ich morgen sterben, hätte ich dann das
  Gefühl, gar nicht wirklich gelebt zu haben?

- Möchte ich meine Tage wirklich so verbringen?

- Welche positiven Veränderungen kann ich
  vornehmen, solange Zeit dafür ist?

Jacks Leben und Tod können uns daran erinnern, ein ausgewogenes Leben zu führen. Für seine Mitarbeiter kann sein
Tod eine Mahnung sein, sich ihrer negativen Denkmuster
bewusst zu werden. Sie können wählen, ob sie denken wol-

len: »Wozu soll man Urlaub machen? Man stirbt doch sowieso?« Oder: »Mein Leben ist ein Geschenk. Ich möchte mich mit Energie und Freude meiner Arbeit widmen und mit Energie und Freude meine Urlaube genießen.«

Jacks Beispiel kann uns daran erinnern, unser Leben wirklich zur Entfaltung zu bringen, was bedeutet, auch Trauer zuzulassen. Wie würde Trauer aussehen, wenn wir uns einfach für die Gefühle öffnen und uns von ihnen durchströmen lassen? Wie wäre es, wenn wir sie fühlen? Wenn wir uns von der Traurigkeit waschen lassen wie von einem Frühlingsregen und dann einfach zum nächsten Gefühl weitergehen? Das bedeutet nicht, dass wir unsere Erinnerungen und unsere Liebe für die Menschen, die von uns gegangen sind, aufgeben sollen. Vielmehr gelangen wir zu einem neuen Frieden, wo sie immer einen warmen Platz in unserem Herzen behalten werden.

Unsere Trauer akzeptieren und ehren

Wenn wir erkennen, dass wir für den Tod geliebter Menschen nicht verantwortlich sind, bleibt die Frage: »Wofür sind wir verantwortlich?« Die offensichtliche Antwort darauf ist natürlich, dass wir für unser eigenes Leben verantwortlich sind und somit auch für unsere Trauer und unseren Schmerz. Und wie werden wir dieser Verantwortung gerecht? Wir stellen uns ihr und ehren sie. Dazu können wir Interessantes von Martha, einer Hospizschwester, lernen.

Martha nahm an der Trauerfeier für einen Patienten teil, die in der Kapelle des Hospizes stattfand. Alisha, ihre neue Vorgesetzte, war sichtlich überrascht, eine aus tiefem Herzen weinende Martha vorzufinden. Es machte sie besorgt, dass der Tod eines Patienten der Schwester so naheging, und sie dachte: *Vielleicht muss ich Martha entlassen. Möglicherweise ist sie für die Hospizarbeit ungeeignet.*

Nach dem Gottesdienst ging Alisha zu Martha und fragte, ob mit ihr alles in Ordnung sei.

Martha gewann die Fassung wieder und bejahte.

»Ich mache mir Sorgen um Sie«, sagte Alisha. »Ich weiß, dass Sie diesen Patienten betreut haben. Sie scheinen sich das wirklich sehr zu Herzen zu nehmen. Können Sie denn jetzt weiterarbeiten?«

»Ja, natürlich«, antwortete Martha. »Stirbt ein Patient, lasse ich meinen Gefühlen freien Lauf. Danach kann ich mit der Arbeit weitermachen. Ich will meine Gefühle fühlen, statt sie zum nächsten Patienten mitzuschleppen.«

Das ist eine großartige Einstellung! Oft denken wir, wenn wir unseren Gefühlen freien Lauf lassen, würden sie uns überwältigen. Natürlich kommt es häufig vor, dass ein Verlust zusätzlich den alten Schmerz eines früheren Verlustes aufweckt, den wir noch nicht wirklich verarbeitet haben. Wie würde unser Leben aussehen, wenn wir es uns gestatten, den Schmerz eines jeden Verlustes wirklich zuzulassen und zu fühlen? Dann könnten wir ganz im gegenwärtigen Augenblick leben und uns für jedes neue Gefühl öffnen, das gerade in unserem Leben ausgelöst wird. Es gäbe viel weniger Leiden in der Welt, wenn wir unseren Schmerz anerkennen und ehren würden, nicht aber das sorgenvolle negative Denken.

Der Schmerz ist real, weil der Verlust real ist. Jede Zeit der Trauer prägt uns auf ganz eigene Weise, weil jeder Mensch, um den wir trauern, einzigartig war. Wir glauben, dass wir der Trauer ausweichen wollen, aber in Wirklichkeit wollen wir den Schmerz vermeiden. Trauer ist ein Heilungsprozess, der uns Trost und Linderung bringt, wenn wir ihn geschehen lassen, ohne dass unser verzerrtes Denken sich einmischt.

Sich über die Trauer erheben

Sich über Ihre anfänglichen Trauergedanken zu erheben, versetzt Sie in die Lage, Dankbarkeit für die Zeit zu empfinden, die Sie mit dem geliebten Menschen verbracht haben, auch wenn diese Ihnen zu kurz erscheinen mag. Sie können viele verborgene Geschenke entdecken.

Wenn wir ganz von Trauer erfüllt sind, fällt es schwer, sich vorzustellen, dass aus einem Verlust auch Gutes entstehen kann. Wenn Sie einen Menschen trösten möchten, der einen Verlust erlitten hat, ist es wichtig, dass Sie seinen momentanen Zustand akzeptieren und nicht versuchen, ihm den Silberstreif am Horizont zu zeigen. Es ist aber gut möglich, dass wir mit der Zeit fähig werden, den Verlust zu akzeptieren und einen tieferen Sinn darin zu entdecken.

Diese Sinnfindung wird oft als die »sechste Phase« des Trauerprozesses bezeichnet. (Zur Erinnerung: Kübler-Ross definierte fünf Phasen: *Leugnung, Zorn, Verhandeln, Depression* und *Akzeptanz.*)

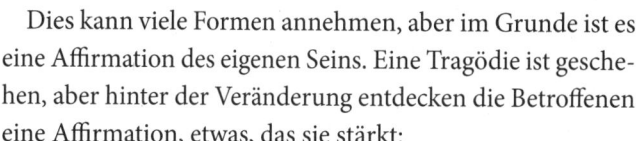

Dies kann viele Formen annehmen, aber im Grunde ist es eine Affirmation des eigenen Seins. Eine Tragödie ist geschehen, aber hinter der Veränderung entdecken die Betroffenen eine Affirmation, etwas, das sie stärkt:

Ich bin kein Opfer dieser Tragödie.

*Ich werde aus dieser Erfahrung lernen
und daran wachsen.*

Candy Lightner ist ein Vorbild, wie wir, indem wir uns über die Trauer erheben, nach einem Verlust Wachstum und positive Entwicklungen bewirken können. Nachdem ihre dreizehnjährige Tochter von einem betrunkenen Autofahrer getötet worden war, gründete sie den Verein Mothers Against Drunk Driving (MADD; *übers.:* Mütter gegen Fahren unter Alkoholeinfluss).

Es wäre nur zu verständlich gewesen, wenn Candy auf diesen tragischen Unfall mit Verbitterung reagiert hätte und zum Opfer der Umstände geworden wäre. Aber sie traf eine andere Wahl. Sie widmet ihr Leben der Aufgabe, das öffentliche Bewusstsein für das Problem zu schärfen und durch Aufklärung und strengere Gesetze die Zahl der durch Alkohol am Steuer verursachten Unfälle zu reduzieren. So trägt Candy aktiv dazu bei, Menschenleben zu retten.

Wenn wir die Schuldzuweisungen beenden und Verantwortung übernehmen, können wir darin Größe finden. Die Größe ist die Kraft, die in der Trauer liegt. Ihre heilenden Kräfte erkennen wir nicht immer, aber dennoch sind sie außergewöhnlich. Sie sind ebenso erstaunlich wie die körperlichen Heilkräfte nach einem Autounfall oder einer schweren Operation. Trauer ist der Heilprozess eines durch einen Schicksalsschlag aus der Bahn geworfenen Lebens. Durch sie kann eine verwundete Seele genesen.

Erinnern Sie sich an eine Zeit, als ein Ihnen nahestehender Mensch einen schweren Verlust erlitt. Denken Sie daran, wie das Leben dieses Menschen nach dem Verlust verlief. Denken Sie an ihn nach einem Jahr. Dann nach zwei Jahren.

Wenn dieser Mensch alle Schuldzuweisungen und Vorwürfe hinter sich ließ und die Verantwortung für seine Trauer übernahm, wird sich sein Leben in dieser Zeit auf wunderbare Weise verwandelt haben. Wenn es nicht zu einer Heilung kommt, liegt das wahrscheinlich daran, dass das negative Denken dieser Person zu viel Lärm macht und damit einer wirklichen Heilung im Weg steht.

Hier sind einige positive Gedanken für solche Zeiten:

Trauer gemischt mit Liebe hilft immer.

Trauer gemischt mit Liebe heilt immer.

Der richtige Umgang mit einem Selbstmord

Der Selbstmord eines nahen Angehörigen kann der allerschlimmste Verlust überhaupt sein.

Nach einer solchen Tragödie sollten Sie einige Dinge unbedingt beachten. Der Mensch, der sich das Leben nahm, war nicht »schlecht«. Er muss unter unerträglichen seelischen Schmerzen gelitten haben. Aus Gründen, die Sie nicht wissen können, hat diese Seele sich dafür entschieden, ihre Inkarnation zu beenden.

Auch wenn Sie vielleicht glauben, etwas versäumt oder nicht genug getan zu haben, um diesen Tod zu verhindern, sollten Sie darauf vertrauen, dass es ein allwissendes und grenzenlos liebendes Universum gibt. Dieses Universum wacht über Ihre Seele und deren Entwicklung. Wenn Ihr Denken oder Ihre Glaubenssätze Ihnen sagen, dass der Selbstmord dieses Menschen ein schrecklicher Fehler war, sollten Sie sich bewusst werden, dass das Universum alle Seelen und deren Existenzübergänge spirituell begleitet und orchestriert. Noch nie hat das Universum eine Seele verloren, vergessen oder fehlgeleitet.

Derrick arbeitete zehn Jahre lang in der Telefonberatung für Menschen mit Selbstmordgedanken. Er erhielt dafür kein Geld, sondern tat es ehrenamtlich. Seinen Lebensunterhalt verdiente er als Wirtschaftsprüfer. Oft wurde er gefragt: »Wie schaffen Sie es bloß, bei einer Selbstmord-Hotline zu arbeiten? Was tun Sie, wenn es Ihnen nicht gelingt, einen Menschen vom Selbstmord abzuhalten?«

Derrick erwiderte darauf stets: »Meine Großmutter pflegte zu sagen: ›Würde jeder vor seiner eigenen Haustür kehren, wäre die Welt ein saubererer Ort.‹«

Wie er erklärte, wollte seine Großmutter damit sagen, dass man kein Wichtigtuer sein soll, der sich überall einmischt. Vielmehr sollen wir uns um die Dinge kümmern, die unmittelbar zu tun sind. »Das habe ich in meinem Leben in die Tat umgesetzt«, sagte er. »Und ich wende es auf die Arbeit bei der Telefonberatung an. Ich konzentriere mich auf meine eigenen Handlungen und Reaktionsweisen. Vor der eigenen Haustür zu kehren heißt für mich, dass ich mich auf das konzentriere, was ich selbst in die Welt hinausgebe. Nur das kann ich selbst kontrollieren. Was andere tun oder denken, liegt sozusagen vor ihrer Haustür. Es steht mir nicht zu, mich darin einzumischen.

Es gibt nur drei Zonen: meine Haustür, deine Haustür und Gottes Haustür. Ich kann mich nur darauf konzentrieren, vor *meiner* Tür zu fegen. Das heißt: liebenswürdig, respektvoll und verständnisvoll zu sein, mich den Anrufern gegenüber freundlich und mitfühlend zu verhalten. Was die Anrufer mit den Informationen und Anregungen anfangen, die ich ihnen gebe, ist ihre Sache. Wer lebt und wer stirbt, das ist Gottes Sache – das liegt vor seiner Haustür.«

Was Selbstmord angeht, gibt es keine richtige oder falsche Zeit. Es gibt nur *unsere* Zeit. Wir sind zu der für uns richtigen Zeit geboren worden und wir gehen zu der für uns richtigen Zeit. Wichtig ist, dass Sie sich selbst gegenüber immer liebevoll sind. Verlieren Sie niemals den Glauben, denn Sie sind ein wunderbares menschliches Wesen, das es verdient, geliebt zu werden, und zwar ungeachtet der Umstände, in denen Sie sich befinden.

Entscheidend ist, dass Sie sich anschauen, wie Sie mit Ihren Gedanken und Gefühlen umgehen. Wenn die Mühsal und die inneren Kämpfe eines Menschen, der Suizid begangen hat, Sie belasten, als wären es Ihre eigenen, sollten Sie sich klarmachen, dass dieser Mensch nun nicht mehr diese Qualen durchmacht. Hierbei helfen Affirmationen wie:

Der geliebte Mensch leidet keine Schmerzen mehr.

Die Seele dieses Menschen ist jetzt frei.

Im Hinblick auf den erlittenen Verlust ist es nicht ungewöhnlich, wenn Sie unter Schuldgefühlen leiden, weil Sie glauben, eine Mitverantwortung am Selbstmord des geliebten Menschen zu tragen. Vielleicht glauben Sie, nicht genug auf Warnzeichen geachtet zu haben. Wenn das so ist, wenden Sie diese Affirmationen an:

Ich übergebe meine gesamte Schuld meiner höheren Macht.

Ich vertraue darauf, dass die Seelenreise von [fügen Sie den Namen der Person ein] sich genau so entfaltet, wie es sein soll.

Es ist gut möglich, dass Sie sich fragen, wie dieser Mensch Ihnen das antun konnte, und deswegen starke Wut empfinden. Aber Sie sind nicht Opfer seines Selbstmordes. Wie die Umstände auch gewesen sein mögen, der Tod dieses Menschen wurde nicht Ihnen »angetan«. Manchmal ist es hilfreich, sich daran zu erinnern, worüber man in zwischenmenschlichen Beziehungen die Kontrolle hat und worüber nicht. Diese Affirmationen können Sie anwenden:

*Ich löse mich liebevoll von meiner Wut
und bitte Gott um Heilung.*

*Jenseits dieser irdischen Ebene werden unsere
Seelen immer in Verbindung bleiben.*

Sie sollten sich unbedingt ins Gedächtnis rufen, dass die Liebe, die Sie miteinander teilten, durch den Tod niemals beschädigt oder ausgelöscht werden kann. Eines Tages werden Sie verstehen, dass die Art und Weise, wie Sie aus diesem Leben scheiden, nur ein kleiner Teil der großen Geschichte der Seele ist. Wenn ein Mensch Selbstmord begeht, ist es gut, Gedanken der Vergebung zu affirmieren:

Ich vergebe ihr/ihm, dass sie/er uns verlassen hat.

*Ich vergebe der geliebten Person alles,
was sie in diesem Leben getan hat.*

Machen Sie sich klar, dass Körper und Geist dieses Menschen zutiefst verloren waren und er sehr litt. Begegnen Sie diesem Schmerz mit Liebe und Mitgefühl. In diesem Leben gab es offenbar einige Drachen, die dieser Mensch einfach nicht besiegen konnte. Wenden Sie diese Liebe und dieses Mitgefühl dann auf Ihre eigenen Gedanken und Handlungen an:

*Ich vergebe mir alles, was ich meiner Meinung nach
getan oder versäumt habe.*

Ich vergebe mir uneingeschränkt.

Ich erkenne, dass nur die Liebe real ist.

Es ist wichtig, dass Sie Ihre Schuldgefühle heilen. Schuldgefühle resultieren daraus, wie Sie Ihr Verhalten bewerten, während Scham etwas darüber aussagt, wie Sie über Ihr Sein denken. Nach einem Selbstmord können den Hinterbliebenen Gedanken wie diese zu schaffen machen: *Ich war es nicht wert, dass sie bei mir blieb. Mein Leben war ihm nicht wichtig. Unsere Ehe, unsere Familie und unsere Welt waren so aus den Fugen, dass er/sie lieber sterben wollte, als all das noch länger zu ertragen.* Keine dieser Aussagen spiegelt die Wahrheit darüber wider, wer Sie wirklich sind. Versuchen Sie es stattdessen mit diesen Affirmationen:

Ich erkenne an, dass ich ein wertvoller Mensch bin.

Ich bin liebenswert, was auch geschehen mag.

Meine Seele ist ewig und kostbar.

Letztlich kommt es vor allem darauf an, dass Sie für den Tod eines anderen Menschen nicht verantwortlich sind. Niemand von uns kann wissen, wie der Entwicklungsweg einer anderen Seele aussieht. Vorherzusagen, welchen Weg eine Seele in diesem Leben einschlagen wird, ist unmöglich. Alles, was Sie tun können, ist, sich immer wieder auf das zu besinnen, was Sie im Herzen wissen:

Ich bin für die Reise meiner eigenen Seele verantwortlich.

Heilung nach dem Tod eines Kindes

Ein Kind zu verlieren zählt zu den katastrophalsten traumatischen Erfahrungen, die uns geschehen können. Wie können die Eltern nach einem solchen Verlust ihre Trauer bewältigen und Heilung finden? Zum Elternsein gehört es, Verantwortung für ein anderes Menschenleben zu übernehmen. Wie können wir also Eltern auffordern, ihre Schuldgefühle nach dem Tod eines Kindes abzulegen? Erscheint es nicht unsensibel oder gar herzlos, ihnen etwas Derartiges vorzuschlagen?

Wenn ein Kind stirbt, ist die Heilung nicht nur ein Weg, den Verlust zu ehren, sondern für die Hinterbliebenen lebenswichtig. Am Beispiel von Candy Ligthner haben wir gesehen, welche Kraft aus der Trauer erwachsen und welche Gaben sie für uns bereithalten kann. Als Candy ihre geliebte Tochter verloren hatte, wurde sie zu einem leuchtenden Beispiel dafür, wie man, wenn man sich über die Trauer erhebt, nicht nur sich selbst heilen, sondern einen positiven Einfluss auf das Leben unzähliger anderer Menschen ausüben kann. Wie schon gesagt, lässt sich das enorme Heilpotenzial der Trauer am besten durch eine Geschichte veranschaulichen. Eine besonders eindrucksvolle wird hier von der betroffenen Mutter selbst erzählt:

Der letzte Tag im Leben meines Sohnes begann wie jeder andere. Nach unserem gewohnten Morgenritual, das aus einem Aufwachlied, Kitzeln und Anziehen bestand, begleitete ich meinen Sohn Jesse, der damals sechs Jahre alt war, nach draußen, wo sein Vater auf ihn wartete, um ihn zur

Schule zu fahren. JT, Jesses zwölfjähriger Bruder, war bereits mit dem Schulbus unterwegs.

Ich war in Eile, denn ich musste zur Arbeit. Aber als ich Jesse zum Abschied umarmte, sah ich, dass er mit seinem kleinen Finger etwas in das Eis auf der Scheibe meines Autos geschrieben hatte. Dort stand »Ich liebe dich«, und dazu hatte er sorgfältig drei Herzen gemalt. Ich war gerührt, lief zurück ins Haus und holte mein Handy, um ein Foto davon zu machen. Es war ein frostiger Dezembermorgen, aber die Sonne schien strahlend hell. Ich bat Jesse, sich neben seine kleine Liebesbotschaft zu stellen, und schwenkte die Kamera so, dass ich ihn und seine Botschaft aufs Bild bekam. Dann fuhren sie los, und das war das letzte Mal, dass ich meinen Sohn lebend sah.

Jesse besuchte die erste Klasse der Sandy-Hook-Grundschule. An diesem Morgen, dem 14. Dezember 2012, betrat ein geisteskranker junger Mann wild um sich schießend das Schulgebäude. Er tötete meinen Jesse, neunzehn weitere Kinder und sechs Lehrer und Schulangestellte. Später sagte man mir, Jesse sei gestorben, als er sich mutig der Gefahr aussetzte bei dem Versuch, seine Schulkameraden zu retten. Das bestätigte, was ich im Herzen schon wusste: dass Jesse in seiner mutigen, selbstlosen Art tapfer versucht hatte, die Gefahr abzuwenden.

Ich sprach auf Jesses Beerdigung, hinter seinem kleinen weißen Sarg stehend. Nachher fragten mich viele Leute, ob sie etwas tun könnten. Die ganze Tragödie hatte mit einem wütenden Gedanken begonnen, und so gab ich ihnen den Rat, einen wütenden Gedanken in einen liebevollen umzuformen, und zwar jeden Tag. Schließlich haben wir alle die

Wahl. Beginnen Sie mit einem Gedanken pro Tag. Wenn wir das alle gemeinsam tun, können wir die Welt zu einem liebevolleren Ort machen.

Im Lauf der Zeit haben viele Freunde, aber auch Unbekannte mir berichtet, wie ihr Leben durch diese Botschaft positiv verändert wurde und dass sie sie jetzt an ihre Verwandten und Freunde weitergeben. Es ist eine einfache Wahl, sich für liebevolle Gedanken zu entscheiden, aber sie kann Leben verändern und vielleicht die ganze Welt.

Um die Erinnerung an Jesse zu ehren und um selbst weiterleben zu können, habe ich eine bewusste Entscheidung getroffen, auf diese sinnlose Tragödie mit Liebe und Vergebung zu reagieren. Die Liebe und Unterstützung, die wir aus unserer Stadt, der Nation und der ganzen Welt erfuhren, hat mir gezeigt, dass wir uns in Liebe vereinen und über das Böse siegen können. Ich glaube, dass durch diese Tragödie viele Leben zum Besseren verändert wurden, da sich nun viele einzelne Menschen bewusst dafür entscheiden, einen liebevolleren, mitfühlenderen Weg einzuschlagen. 🌿

Wenn wir morgens aufwachen, stehen wir vor einer Entscheidung: Wollen wir ein Leben im Glauben oder ein Leben in Angst führen? Dann gehen wir hinaus in die Welt, wo tagtäglich Gut und Böse gegeneinander kämpfen. Jeder einzelne Mensch trägt die Verantwortung, Licht und Liebe in die Welt zu bringen. Dies erreichen wir, indem wir uns in jeder Situation dafür entscheiden, liebevoll zu denken und zu handeln.

Wie auch immer die Begleitumstände aussehen mögen, stets zählt der Tod zu den härtesten Erfahrungen, denen wir uns während unserer Reise auf Erden stellen müssen. Trotz des Schmerzes können wir andere Wege finden, über die geliebten Verstorbenen zu denken und sie zu ehren. Zum Beispiel können wir, wie bereits erwähnt, Geburtstage, Jahrestage und andere feierliche Anlässe als Gelegenheit betrachten, uns zu erinnern, dass die Liebe ewig währt.

Wenn es Ihnen schwerfällt, mit Ihrer Trauer umzugehen, oder falls Sie einen weitergegangenen Menschen nur schlecht loslassen können, versuchen Sie diese Übung:

Setzen Sie sich an einen Ort, wo Sie ungestört sind. Schließen Sie die Augen, und konzentrieren Sie sich auf Ihren Atem, wobei Sie bewusst langsam und tief atmen.

Lassen Sie das Gesicht des geliebten Menschen, der gestorben ist, vor Ihrem inneren Auge erscheinen. Visualisieren Sie ihn, wie er war, als es ihm gut ging und er eine glückliche Zeit verlebte.

Lassen Sie zu, dass die Essenz dieses Menschen Ihren inneren Raum erfüllt. Sehen Sie seine Augen leuchten, ein glückliches Lächeln auf seinem Gesicht. Spüren Sie die weiterhin bestehende Verbundenheit zwischen Ihnen beiden. Sagen Sie dem geliebten Menschen nun alles, was Ihr Herz bewegt. Wenn Sie ihm übermitteln, was Sie wirklich fühlen, wird seine Seele diese Gefühle empfangen und ebenfalls spüren. Werden Sie sich bewusst, dass diese Verbundenheit bestehen bleibt, auch wenn dieser Mensch seinen Körper hinter sich gelassen hat.

Lauschen Sie nun in der Stille auf eine mögliche Botschaft, die der geliebte Mensch für Sie hat. Wenn eine solche Botschaft übermittelt wird, danken Sie dafür, dass Sie weiterhin miteinander verbunden sind, und atmen Sie dieses Gefühl der Verbundenheit tief in Ihr Herz hinein. Lösen Sie alle Anhaftungen, die zwischen Ihnen beiden noch bestehen. Erhalten Sie nur das zarte Band zwischen Ihren beiden Herzen aufrecht.

Wenn Sie bereit sind, richten Sie Ihre Aufmerksamkeit wieder auf Ihren Atem, öffnen Sie die Augen, und erden Sie sich in Ihrem Körper. Wenn Sie aufstehen und wieder Ihren Alltagstätigkeiten nachgehen, seien Sie sich bewusst, dass der geliebte Mensch bei Ihnen ist. Die höchste Wahrheit ist, dass Liebe niemals stirbt.

Wenn sich während dieser Übung negative Empfindungen einstellten, seien Sie dankbar dafür, denn sie liefern Ihnen wertvolle Hinweise.

Gibt es etwas, das Sie dem geliebten Menschen vergeben sollten? Ist da noch etwas, für das Sie sich von ihm Vergebung wünschen? Sind in Ihnen Vorwürfe oder Schuldgefühle hochgekommen, die Sie noch mit sich herumtragen?

Wenn ja, denken Sie daran, dass es sehr heilsam ist, Trauer und Schmerz wirklich zuzulassen und durch sie hindurchzugehen.

• • •

Während Sie Ihre Trauer wirklich fühlen und zulassen, sollten Sie gleichzeitig damit beginnen, sich von Schuldgefühlen, Verbitterung und anderen negativen Denkmustern zu lösen. Wie auch immer die Umstände des Todes der geliebten Person waren, mit der Zeit werden Sie zu einer tiefen Dankbarkeit finden, dass Sie einen Teil Ihrer Seelenreise miteinander teilen konnten. Sie werden eine große Wahrheit entdecken: Die Macht der Liebe ist stärker als der Tod.

Im nächsten Kapitel werden wir uns mit einer anderen Art von Verlust beschäftigen, die uns ebenfalls tief berühren kann – dem Tod eines geliebten Haustieres. Wir werden die gleichen Methoden der Trauer und der Vergebung anwenden, mit denen wir uns selbst heilen und unseren tiefen Verlust ehren und anerkennen können.

5

Abschied von Haustieren

Trauer ist eine natürliche Reaktion auf bestimmte Lebenser-fahrungen. Sie existiert in jeder sozialen Beziehung, bei der Gefühle und Bindungen im Spiel sind. Wir alle trauern um die, die wir lieben. Und wir trauern auch um die, die wir nicht mochten, ja sogar um die, die wir hassten. Nur wenn es weder eine positive noch eine negative Bindung gibt, trauern wir nicht. In diesem Licht erscheint es unsinnig zu glauben, wir würden nicht um die Tiere in unserem Leben trauern, wo doch auch zu ihnen oft sehr starke Bindungen bestehen.

Unsere Haustiere leben mit uns – oft teilen sie sogar das Bett mit uns. Sie sind wirkliche Familienmitglieder. Trotz-dem machen Menschen, die um ein Haustier trauern, oft die Erfahrung, dass sie sich sehr genau überlegen müssen, mit wem sie über diese Gefühle sprechen. Sie spüren ins-tinktiv, dass es sich um eine weniger akzeptable Form der Trauer handelt, die von vielen Leuten nicht so recht ernst genommen wird. Manch einer, der nach dem Tod eines ge-liebten Haustieres sein Herz ausschüttet, bekommt zur Ant-wort: »Das kann man aber doch nicht mit dem Tod eines Menschen vergleichen! Es war doch nur ein Tier.« Und: »Nimm's nicht so schwer. Kauf dir doch einfach ein anderes Haustier.«

Die Trauer um ein Tier lässt sich aber nicht so leicht in den Griff bekommen, wie manche glauben. Es ist schwer, eine Trauer zu durchleben, die von anderen nicht für voll genommen wird. Dass wir trauern, ist ein Ausdruck unserer Liebe, und gerade Haustiere schenken uns oft eine so bedingungslose Liebe, wie Menschen sie nur selten zu geben vermögen. Wie oft geschieht es, dass wir uns gesellschaftliche Vorurteile zu eigen machen und denken: *Ich sollte nicht so sehr um mein Haustier trauern.* Doch wenn wir solchen Vorstellungen nachgeben, verraten wir damit unsere wahren Gefühle.

Verkompliziert wird unsere Trauer um Haustiere dadurch, dass wir bei ihnen meistens eine klarere Vorstellung davon haben, was ein humaner Tod ist. Wenn sie am Ende ihres Lebens Schmerzen erleiden, entscheiden wir uns oft dafür, sie einschläfern zu lassen, um ihnen einen würdevollen, von Liebe umgebenen Tod zu ermöglichen, auch wenn wir sie gerne so lange wie möglich bei uns behalten würden. Manchmal macht das den Verlust schwerer zu ertragen, weil wir uns fragen, ob wir zur richtigen Zeit das Richtige taten.

Menschen entwickeln sehr tiefe Gefühle gegenüber ihren Tieren. Viele können gut nachempfinden, was der Humorist Will Rogers sagte: »Wenn es im Himmel keine Hunde gibt, möchte ich, wenn ich sterbe, dorthin gehen, wo sie sind.«

Die Trauer um ein Tier liebevoll annehmen

Ella besaß einen Deutschen Schäferhund namens Garlic. Seinen Namen (»Knoblauch«) verdankte er der Tatsache, dass er trotz aller Bemühungen Ellas ständig Mundgeruch hatte. Leute, die Garlic zum ersten Mal begegneten, sagten oft, was für ein wunderschöner Hund er sei – und sein Atem sei doch gar nicht so schlecht. Jahrelang war Garlic überall in der Nachbarschaft beliebt. Alle mochten den Hund und riefen »Hey, Garlic!«, wenn sie ihn sahen.

Als Garlic an Altersschwäche starb, beschlossen Ella und ihre Familie, die Trauer mit der ganzen Nachbarschaft zu teilen. Schließlich war der Hund doch Teil ihres gemeinsamen Lebens gewesen. Die Alternative – ihn einfach verschwinden zu lassen wie ein Kinderspielzeug oder einen alten Schaukelstuhl von der Veranda – schien undenkbar. Und hätten sie nur privat um ihn getrauert, wären sie während der folgenden Wochen zwangsläufig immer wieder von Leuten aus der Gegend gefragt worden, wo denn der Hund geblieben sei, was sie dann immer wieder hätten erklären müssen. Also schrieb Ella einen Nachruf für Garlic, den sie mit einem Foto des Hundes als E-Mail an alle Nachbarn schickte. Sie verwendete dafür die Adressenliste der Nachbarschaftswache, war aber unsicher, ob es für Unmut sorgen würde, dass sie diese Liste zweckentfremdete. Ihre Familie wendete folgende Affirmation an:

Liebevoll teilen wir unsere Trauer mit
unseren Nachbarn.

Zu Ellas Überraschung waren die Reaktionen überaus positiv. Als Ella bei einer Nachbarin zu Besuch war, sah sie dort ein Foto von Garlic auf dem Kühlschrank kleben. Ella und ihre Familie staunten über die vielen E-Mail-Antworten. In einer Mail stand: »Sie kennen uns nicht, aber wir kannten Garlic. Er schaute immer gegen vier Uhr am Nachmittag bei

uns vorbei, wenn wir gerade die Kinder von der Schule ab-
geholt hatten. Wir dachten immer, dass so ein netter Hund
ganz bestimmt nette Besitzer hat. Wir würden uns freuen,
Sie bald einmal kennenzulernen und Ihnen persönlich unser Mitgefühl auszudrücken.«

Wenn Ella auf den Nachruf angesprochen wurde, sagte
sie: »Sein Leben war wichtig für uns, warum also nicht auch
sein Tod?« Das war ein eindrucksvolles Beispiel dafür, wie
sehr sie die Trauer der Familie um den Hund respektierte.
So bewirkte sie, dass auch die Menschen in der Nachbarschaft mit Respekt und Mitgefühl reagierten. Es ist offensichtlich, dass der Tod des Hundes die ganze Nachbarschaft
berührte und bewegte. Jemand brachte der Familie einen
Auflauf vorbei, jemand einen Kuchen ... fast als hätte es sich
bei Garlic um eine Person gehandelt. Ein Nachbar spendete
in Garlics Namen Geld für den Tierschutz. Ein tiefes, liebevolles Gefühl der Zusammengehörigkeit wurde geweckt und
blieb noch lange nach Garlics Tod bestehen.

• • •

Beim Verlust eines Haustieres besteht im Gegensatz zum
Tod eines Menschen eine einzigartige Schwierigkeit. Wenn
wir Haustiere bei uns aufnehmen, ist das eine Aufgabe, die
in der Regel während der ganzen Lebenszeit der Tiere bestehen bleibt. Wie bei Kindern kümmern wir uns um sie, be-
schützen sie, füttern sie und sorgen für ihr Wohlergehen.
Wir sind für sie verantwortlich. So können aus Trauer leicht
Schuldgefühle entstehen.

Wir glauben möglicherweise, schuld am Tod des Tieres
zu sein. Doch es ist nun einmal so, dass unsere Haustiere

eines Tages sterben, auch wenn wir noch so gut für sie sorgen. Die nächste Geschichte ist ein gutes Beispiel dafür, wie sich Trauer in Schuldgefühle verwandeln kann.

Cheryl hielt den Futternapf mit dem Abendessen hoch und rief nach ihrem geliebten Kater Timmy. Als er daraufhin die Treppe hochkam, bemerkte sie sofort, dass er offenbar Schmerzen hatte. Er bewegte sich nur mühsam. Ihr Mann telefonierte herum, doch alle Tierkliniken in der Gegend waren abends geschlossen. Cheryl und ihr Mann wachten die ganze Nacht bei Timmy.

Am nächsten Morgen fanden sie endlich einen Tierarzt, der einige Tests durchführte und herausfand, das Timmy an einer Harnstauung litt. Er sagte, er müsse den Kater über Nacht dabehalten, Cheryl könne aber jederzeit anrufen und sich nach Timmys Befinden erkundigen. Sie und ihr Mann waren erleichtert.

Am Nachmittag fuhr Cheryl mit ihrer siebenjährigen Tochter zum Schwimmbad. Sie verbrachten dort eine wunderschöne Zeit. Auf der Rückfahrt beschloss Cheryl, kurz bei dem Tierarzt anzurufen und zu hören, wie es Timmy ging. Sie musste am Straßenrand anhalten, als sie erfuhr, dass der Kater zwanzig Minuten zuvor gestorben war. Der Tierarzt hatte ihr eine Nachricht auf den Anrufbeantworter ihres Festnetztelefons gesprochen, statt sie auf dem Handy anzurufen.

Cheryl war geschockt, und der Tod des Katers löste in ihr sofort negative Gedanken und Reaktionen aus. Sie wusste nicht mehr, wie sie es geschafft hatte, die restliche Strecke nach Hause zu fahren. Als sie dort eintraf, brach sie zusammen. »Wie konnte das nur passieren?«, stöhnte sie immer wieder. Offenbar hatte Timmys kleines Herz versagt, und nun waren Cheryl und ihre Familie untröstlich. Timmy war für sie mehr als eine Katze gewesen. Sie hatten mit ihm ein Familienmitglied und einen Freund verloren.

Fast sofort quälte Cheryl sich mit Schuldgefühlen und Fragen, wie sie manchmal mit der Trauer einhergehen: *Wir hätten noch in der Nacht mit ihm losfahren und weiter weg nach einer Tierklinik suchen sollen. Warum haben wir das nicht getan? Haben wir bei seiner Ernährung Fehler gemacht, die zu seinem Tod führten? War das eine verspätete Reaktion auf den Schinken, dem wir ihm Weihnachten als Delikatesse gönnten? War der Schinken vielleicht zu salzig? Warum haben wir nicht bemerkt, dass er mehr Wasser als sonst trank? Wie konnte ich mich im Schwimmbad entspannen, während Timmy im Sterben lag?*

Sie begruben Timmy unter einem Baum im Garten hinter dem Haus. Cheryl ging immer wieder dorthin, um zu meditieren. Eines Nachmittags sprach sie dort mit ihrem geliebten Kater und sagte ihm, wie untröstlich sie war, nicht mehr getan zu haben, um ihn zu retten. Sie erinnert sich: »Ich atmete ein paarmal tief durch, und plötzlich überkam mich eine tiefe Ruhe. Dann hörte ich die Worte: ›Vergib dir selbst. Du hast nichts Falsches getan. Ich weiß, wie sehr du mich geliebt hast. Im Geist bin ich immer noch bei euch.‹ Zuerst dachte ich, mir das nur eingebildet zu haben. Aber wenn das so war, wieso empfand ich dann plötzlich diesen tiefen Frieden? Nein, ich glaube, dass Timmy wirklich mit mir kommuniziert hat. Er wollte mir helfen, die Schuldgefühle loszulassen, die ich auf mich selbst projizierte.«

Nachdem Cheryl Timmys Botschaft empfangen hatte, sagte sie: »Die Trauer, die ich empfand, war eigentlich ein Segen, auch wenn ich das zu diesem Zeitpunkt noch nicht erkennen konnte. Ich hatte aus den Augen verloren, worin der Sinn des Lebens besteht, und betrachtete die Anwesenheit meiner Lieben als selbstverständlich! Ich hatte vergessen, wie kostbar das Leben ist. Die Trauer um Timmy brachte uns einander wieder näher. Timmy machte uns das Geschenk bedingungsloser Liebe – die wichtigste Liebe im Leben. Mir ist bewusst geworden, wie wichtig es ist, meiner Familie nahe zu sein und sie bedingungslos zu lieben, so wie wir alle unseren Kater geliebt haben.«

Zusätzlich praktizierte Cheryl positive Affirmationen wie diese:

Ich vergebe mir und gebe uns beide frei.

Ich konzentriere mich auf das Geschenk der bedingungslosen Liebe, das Timmy uns machte.

Nach ein paar Tagen ging es Cheryl viel besser. Sie lernte, dass der Kater für immer einen besonderen Platz in ihrem Herzen haben wird. Und sie weiß, dass sie einander im Himmel wiedersehen werden.

Nach dem Verlust eines Haustieres sollten wir genauso wie nach dem Tod eines Menschen unbedingt auf unser Denken achten. Affirmationen können uns helfen, uns an das Gute in uns zu erinnern, an unsere wahre Identität – die unsere Haustiere übrigens immer in uns sehen. Deswegen lieben sie uns bedingungslos. In der Trauer neigen wir dazu, uns

Vorwürfe zu machen, weil wir nicht bemerkten, dass unsere Katze zu viel Wasser trank, oder weil wir so dumm waren, ihr eine ungesunde Leckerei zu geben. Dann sollten wir uns daran erinnern, dass unsere Haustiere schon öfter Leckereien erhalten haben, ohne daran zu sterben. Wenn wir uns mit unserem verzerrten Denken einzelne mögliche Todesursachen herauspicken, sammeln wir damit nur Beweise dafür, dass wir »schlecht« sind.

Timmy erinnerte Cheryl an die Wahrheit:

Vergib dir selbst. Du hast nichts Falsches getan.
Ich weiß, wie sehr du mich geliebt hast.
Im Geist bin ich immer noch bei euch.

• • •

Bei unseren zwischenmenschlichen Beziehungen können wir nie wissen, wie lange diese Menschen bei uns sein werden. Wir können nicht sagen, ob es einen Monat, ein paar Jahre oder fünfzig Jahre dauern wird. Das trifft auch auf unsere Haustiere zu. Ein verblüffender Unterschied ist aber, dass unsere Tiere manchmal fühlen, wenn es mit ihnen zu Ende geht. Wir alle haben schon gehört, dass Hunde oder Katzen sich zurückziehen und die Einsamkeit suchen, wenn sie krank werden. Aber ist es denkbar, dass sie auch im Voraus spüren, wenn ihnen der Tod durch einen Unfall bevorsteht? Die Geschichte des Hundes Homer ist ein Beispiel dafür.

Homer war ein schlanker Hund mit kurzem schwarzbraunem Fell und riesigen braunen Augen, die auf jedes Gefühl in seiner Umgebung zu reagieren schienen. Andy, sein Besitzer, erinnert sich an den Tag, der sein Leben für immer veränderte:

»An einem Freitag wurde mein Homer, der fast zehn Jahre bei mir gelebt hatte, vor unserem Haus von einem Auto überfahren. Er muss den Wagen übersehen haben, denn normalerweise war er auf der Straße immer sehr vorsichtig und achtete gut auf die Autos. Meine Frau und ich waren verzweifelt. Ich meditiere und praktiziere täglich Affirmationen und Spiegelarbeit. Dabei hatte ich bereits die intuitive Botschaft empfangen, dass Homer uns verlassen würde. Aber ich rechnete mit einem allmählichen Dahinschwinden seiner Kräfte, nicht mit einem plötzlichen Tod.

Am Sonntagnachmittag bat ich eine Bekannte um Hilfe, die geistig mit Tieren kommuniziert. Ich war völlig am Ende, brach immer wieder in Tränen aus. Sie berichtete, sie hätte Verbindung mit Homer aufgenommen. Er sagte ihr, er hätte versucht, mir mitzuteilen, dass er von uns gehen würde, aber ich hätte es nicht glauben wollen. Er sagte, das Auto sei nur die äußere Geschichte seines Aufbruchs gewesen – verlassen hätte er uns in jedem Fall, auf diese oder eine andere Weise.

Homer sagte ihr auch, dass ich seine Hilfe nicht länger benötigte. Viele Jahre hatte ich mit Depressionen und negativem Denken zu kämpfen gehabt, und oft war in diesen dunklen Stunden nur Homer an meiner Seite gewesen. Ich wusste, dass er seine Mission, mir zu helfen, erfüllt hatte, denn es ging mir viel besser. So gab es für ihn nun wohl andere Aufgaben. Ich fühlte mich unglaublich gesegnet, und meine Tränen versiegten. Ich konnte mir seine Spielzeuge, den Garten und die anderen Orte anschauen, wo wir zusammen Zeit verbracht hatten. Ich fühlte die Freude, die er in mein Leben gebracht hatte, und war nicht mehr traurig.«

Andy erhielt außerdem viele wundervolle Kommentare auf seiner Facebook-Seite und persönliche Nachrichten. »Ich dachte, Facebook-Liebe sei etwas für Geburtstage«, sagte Andy. »Nie hätte ich damit gerechnet, dass mein Posting über den Tod unseres Hundes eine solche Reaktion auslösen würde. Homer hat viel mehr Menschen berührt, als ich für möglich gehalten hätte. Und das tut er auch weiterhin.«

Wir sollten der Trauer, die wir beim Tod von Haustieren empfinden, freien Lauf lassen und sie liebevoll akzeptieren. Wie Menschen hinterlassen sie uns darüber hinaus oft beeindruckende Lektionen.

Als Andy eines Abends fürchtete, in der Nacht wieder weinend aufzuwachen aus Trauer um Homer, wiederholte er innerlich folgende Affirmation:

Ich werde mich an alles erinnern,
was Homer mir geschenkt hat.

Er beschloss aufzuschreiben, was der Hund ihn gelehrt hatte. Und wir sind sicher, dass wir alle davon profitieren können:

Was wir von Homer lernen können

Ich werde in der Gegenwart leben.
Die Gegenwart ist alles, worauf es ankommt, und Hunde sind in dieser Hinsicht die perfekten Lehrmeister. Jeden Morgen sprang Homer vom Bett, hellwach und bereit für

den Tag. Er kannte keinen Groll und begrüßte jeden neuen Augenblick wie einen guten Freund.

Ich behandle jede Erfahrung so, als wäre es das erste Mal.
Voller Vitalität und Freude begegnete Homer jeder Mahlzeit, jeder Streicheleinheit und jedem Spaziergang. Seine Energie und Begeisterung waren ansteckend. Alles war für ihn ein Fest. Homer wusste, was Lebenslust ist!

Ich bitte um das, was ich will.
Homer war ein Meister der Manifestation. Er setzte sich vor uns hin, schaute uns an, bettelte, sabberte verzückt ... irgendwie bekam er immer, was er wollte. Seine Hartnäckigkeit war erstaunlich. Er wickelte jeden um den Finger, und so gaben die Leute ihm ein Leckerchen, streichelten ihn oder spielten mit ihm Ball.

Ich gebe und empfange bedingungslose Liebe.
Gib Liebe und empfange Liebe! Sei ein Kanal für die Liebe. Homer hatte Freude an anderen Hunden, aber Menschen liebte er. Er war verrückt darauf, an Menschen zu schnuppern, sie mit der Nase zu erkunden. Nichts konnte bei einem Spaziergang seine Augen so sehr zum Leuchten bringen wie ein noch unbekannter Mensch, der ihn streichelte.

Ich urteile nicht über andere oder über mich selbst.
Urteilen Sie nicht über sich selbst oder andere. Homer war ein echter Zen-Meister – liebenswürdig, gelassen und umgänglich. Er akzeptierte alle Leute so, wie sie waren, und versuchte nie, jemanden zu ändern.

Viele glauben, dass wir nach dem Tod wieder mit allen geliebten Menschen und Haustieren vereint sein werden, die vor uns gegangen sind. Öffnen Sie sich für die Vorstellung, dass auf den Tod Fülle folgt, nicht Leere. Mit anderen Worten, wenn wir die irdische Ebene verlassen, gibt es auf der anderen Seite einen großen Stehempfang – und zwar deshalb, weil wir dann wieder von allen unseren Lieben umgeben sind, die wir so sehr vermisst haben.

Stellen wir uns also vor, dass wir dort auch von unseren Haustieren begrüßt werden. Wir werden in ihre Gesichter sehen, sie mit dem Schwanz wedeln sehen. Wir werden ihr Bellen, Miauen und Zwitschern hören, ihr Wiehern und Grunzen, und wir werden wieder von all ihren liebenswerten Eigenschaften umgeben sein. Ein liebevolles Begrüßungskomitee wartet auf uns, wenn wir sterben!

Ich öffne mich jetzt für all das Gute,
das mein Haustier mir hinterlassen hat.

Ich bin dankbar für die Erfahrungen,
die wir miteinander teilten.

Mein geliebtes Haustier wird immer
meine Liebe spüren und von ihr umgeben sein.

6

Andere Lieben, andere Verluste

Neben Trennungen, Scheidungen und Todesfällen gibt es noch viele andere Verluste. Manche davon sind leichter zu benennen als andere – etwa eine Fehlgeburt oder der Verlust des Arbeitsplatzes. Andere Verluste sind nicht so offensichtlich. Dazu zählt zum Beispiel, dass es uns nicht gelingt, die angestrebte Karriere zu verwirklichen, einen Partner zu finden, der unserer Idealvorstellung entspricht, oder unserem angestrebten Körperideal gerecht zu werden. Wir müssen um das trauern, was verloren ist, aber zu anderen Zeiten gilt es, auch um das zu trauern, was niemals war oder sein wird.

Viele Menschen tragen die letztgenannte Art von Verlustgefühlen ihr Leben lang mit sich herum. Es sollten aber alle Formen der Trauer erforscht und geheilt werden. Zum Beispiel ist es wichtig, die Verlusterfahrung einer Fehlgeburt als wesentlich anzuerkennen und die damit verbundene Trauer zuzulassen und zu durchleben. Auch bei solchen Verlusten ist es notwendig, dass wir uns Zeit für Trauer und Heilung nehmen. Die schwerer zu identifizierenden Verluste drängen wir leicht in den Hintergrund, wo sie dann zu einer unterschwelligen emotionalen Belastung werden.

Wenn Sie die heilende Kraft der Trauer zulassen, werden Sie auch auf einige Ihrer weniger offensichtlichen Verluster-

fahrungen stoßen. Werfen wir also gemeinsam ein Licht auf sie, und ermöglichen wir so eine umfassende Heilung.

Unfruchtbarkeit und Fehlgeburt

Bestimmte Dinge im Leben halten wir oft für selbstverständlich. Wenn kleine Mädchen mit ihren Puppen spielen, gehen sie davon aus, dass sie, wenn sie groß sind, selbst Kinder bekommen können, wenn sie das wollen. Sie kommen nie auf die Idee, dass sie wegen körperlicher Ursachen unfähig sein könnten, ein Kind zu bekommen, oder dass aus anderen Gründen eine Schwangerschaft nicht möglich ist. Ebenso wenig sind sie sich der Scham und Stigmatisierung bewusst, die manche Erwachsene mit der Kinderlosigkeit verbinden. Wenn eine Frau sich eine Schwangerschaft wünscht, aber aus medizinischen Gründen kein Kind empfangen kann, hat sie vielleicht das Gefühl, ihre Bestimmung als Mutter nicht erfüllen zu können oder ihren Mann zu enttäuschen. Möglicherweise ist sie sich gar nicht bewusst, wie viel persönlicher Schmerz deswegen in ihr schwelt.

Kate wusste schon früh, dass sie einmal eine wunderbare Mutter sein würde. Jahre später lernte sie einen großartigen Mann kennen, Donald. Während er um sie warb, stellten sie sich auch die übliche Frage: »Wünschst du dir Kinder?« Dabei fanden sie heraus, dass sie beide Familienmenschen waren.

Nach ein paar Jahren Ehe fanden sie beide, dass es nun Zeit war, eine Familie zu gründen. Doch nach drei Monaten war Kate zu ihrer Verwunderung immer noch nicht schwanger. Sie beschloss, ihnen beiden noch einige weitere Monate Zeit zu geben, doch nichts geschah. Also holte sie sich ärztlichen Rat, ohne Donald darüber zu informieren.

Der Arzt führte einige Untersuchungen bei ihr durch, und die Ergebnisse waren alles andere als ermutigend. Als Kate Donald davon erzählte, ließ er sich ebenfalls untersuchen, wobei sich herausstellte, dass bei ihm alles in Ordnung war. Kate entschied sich für eine medizinische Behandlung gegen Unfruchtbarkeit. Gleichzeitig fing sie an, unterbewusst sehr negative Selbstgespräche zu führen. *Ich bin körperlich ungenügend. Etwas stimmt nicht mit mir.* Solche Gedanken spukten ihr wie eine ständige Hintergrundmusik im Kopf herum. Ihren Mann schien die Sache wenig zu belasten, doch Kate litt sehr darunter.

Aber dann erfuhr sie, dass sie schwanger war, was sie mit Freude und Erleichterung erfüllte. Nun war ihre Welt wieder im Lot und ein Baby unterwegs! Offenbar sah aber ihre Bestimmung anders aus, denn sie erlitt eine Fehlgeburt. Sie war am Boden zerstört und tieftraurig. Donald kümmerte sich rührend um sie und schlug vor, über eine Adoption nachzudenken. Er war Optimist, und seine Lebensphilosophie lautete: »Es gibt immer andere Optionen.«

Kate war damals noch nicht bewusst, dass es für sie noch einige Arbeit zu tun gab. Ihre Mutter spürte das intuitiv und sagte zu ihr: »Du solltest dir Zeit nehmen, wirklich um das ungeborene Kind zu trauern, das du verloren hast.« In ihrer Verzweiflung erkannte Kate, dass ihre Mutter recht hatte. Sie hatte im Hinblick auf ihren Kinderwunsch nicht nur einen faktischen Rückschlag erlitten, sondern da war auch ihre

Trauer um das ungeborene Kind, die der Heilung bedurfte. Kate nahm sich die Zeit, diese Trauer zuzulassen, und sagte sich:

Ich ehre den Verlust meines ungeborenen Kindes.

Alles entfaltet sich zum höchsten Wohl aller Beteiligten.

Donald stand einer Adoption aufgeschlossen gegenüber, aber Kate fühlte sich dafür noch nicht bereit. In ihr rumorten immer noch Gedanken wie *Mein Körper ist fehlerhaft. Ich kann keine echte Mutter sein.* Je mehr sie auf diesen inneren Dialog achtete, desto mehr wurde sie sich ihres verzerrten Denkens bewusst und merkte, wie unbarmherzig sie über sich selbst geurteilt hatte. Ihr wurde klar, dass sie ihr Denken dringend verändern musste. Daher rezitierte sie folgende Affirmationen:

Ich vergebe meinem Körper.

Mein Körper agiert völlig entsprechend seiner Bestimmung.

Alles ist gut in meinem Körper.

Mein Körper führt mich zum höchsten Wohl für alle Beteiligten.

Zum Thema Mutterschaft bejahte sie:

Ich bin es wert, Mutter zu sein.

Meine Fähigkeit, Liebe zu schenken, macht mich zu einer guten Mutter.

Innerhalb eines Jahres fand Kate zu innerem Frieden. Sie und Donald hatten inzwischen eine Adoption beantragt, und so kam ein hübsches kleines Mädchen namens Diana zu ihnen. Dass dieses Kind in ihr Leben kam, erscheint Kate heute wie ein Wunder.

Kate ist sich bewusst, dass sie dieses wunderbare Wesen, das heute ihre Tochter ist, nie kennengelernt hätte, wenn ihre Gebete erhört worden wären und sie selbst ein Kind zur Welt gebracht hätte. Sie sagt: »Heute weiß ich, dass Diana meine Bestimmung ist so wie die Unfruchtbarkeit.« Sie weiß jetzt, was Mutterschaft wirklich bedeutet und wie wichtig es war, ihrem Körper zu vergeben und angemessen um das ungeborene Kind zu trauern.

Kates Geschichte fand also ein gutes Ende. Sie hat gelernt, dass es notwendig ist, die eigenen Trauergefühle anzuerkennen und zu ehren. Was Unfruchtbarkeit oder eine Fehlgeburt angeht, sind sich oft die Angehörigen nicht wirklich darüber im Klaren, was die betroffene Frau durchmacht. Wie tief ihr Schmerz ist, können Außenstehende nicht wirklich wissen, und die Frau selbst kann nicht wissen, wen in dieser Welt zu lieben ihr bestimmt ist. Es kann ein Kind sein, das sie selbst zur Welt bringt, aber ebenso gut kann es wie in Kates Beispiel ein Kind sein, das von ihr adoptiert wird.

• • •

Bei vielen Frauen stellt sich ein Gefühl der Trauer ein, wenn sie in die Wechseljahre kommen, weil sie von da an endgültig keine Kinder mehr bekommen oder, falls sie bereits Mutter sind, nicht erneut schwanger werden können. Man-

che glauben irrtümlich, dies würde ihre Weiblichkeit und Attraktivität beeinträchtigen. Wie auch immer die Veränderungen aussehen mögen, die Sie im Leben durchlaufen, es ist wichtig, dass Sie immer wieder nach innen schauen, Ihre Verluste akzeptieren und ehren und Ihre Trauer wirklich zulassen und fühlen, ohne sie mit negativem Denken zu verknüpfen. Versuchen Sie es mit diesen Affirmationen:

Ich fließe harmonisch mit den Veränderungen meines Körpers, meine Weiblichkeit entfaltet sich immer mehr.

Mein Leben ist eine unglaubliche Reise der Liebe und des Lernens.

So werden Sie die große Wahrheit entdecken, dass Ihr Sein viel mehr ist als die äußeren Gegebenheiten Ihres Lebens. Ihr wahrer Wesenskern ist größer als alles, was mit Ihrem Körper geschieht, und Sie sind ein wunderbares Wesen, ganz gleich ob Sie Kinder haben oder nicht. Sie sind ein eindrucksvoller Mensch, während Sie Ihre Kinder großziehen, und später, wenn die Kinder erwachsen sind.

Von Tag zu Tag werde ich schöner und entdecke und entfalte mein weibliches Potenzial.

Arbeitsplatzverlust

Arbeitslos zu werden ist für viele Menschen ein überaus schmerzlicher Verlust. Das rührt zweifellos daher, dass in unserer Kultur »Tun« und »Sein« verwechselt werden. Mit anderen Worten, irrtümlich glauben wir, dass das, was wir tun, definiere, was wir sind. Wenn wir einander begegnen, lautet eine der ersten Fragen: »Was machst du?« Es wird so viel Wert auf die Arbeit als Lebensunterhalt gelegt, dass wir, wenn diese wegfällt, uns ratlos fragen: *Wer bin ich jetzt noch?*

Im Jahr 2008 ging Steve seiner gewohnten Bürotätigkeit bei einer Firma für Medizintechnik nach. Er arbeitete seit dreißig Jahren für dieses Unternehmen. Die meisten Probleme, die er während seines Arbeitstages zu lösen hatte, waren ihm wohlvertraut. Seine Arbeit war wie ein gut ausgetretener Pfad und sein Büro sein zweites Zuhause.

An diesem Nachmittag ging Steve zur monatlichen Besprechung mit seinem Chef Keith. Als er, mit seinen Unterlagen Keiths Büro betrat, sah er zu seiner Überraschung, dass Linda, die Personalchefin, mit am Tisch saß. Keith stand auf und sagte: »Ich geh mal eben hinaus, damit ihr beide unter vier Augen reden könnt.« Steve dachte sich zunächst nichts dabei. Er hatte im Lauf der Jahre immer wieder einmal mit Linda gesprochen, wenn in seiner Abteilung Unstimmigkeiten zu regeln waren. Also fragte er sich, welche Mitarbeiter diesmal Probleme machten. Doch Linda sagte unerwartet: »Das wird ein schwieriges Gespräch werden, Steve.«

Oh, dachte Steve, *einer meiner Leute muss sich etwas wirklich Dummes geleistet haben.*

Linda sagte: »Es tut mir leid, aber wir müssen uns von dir trennen. Die Geschäftsleitung ist zu dem Schluss gekommen, dass wir unsere Kräfte konsolidieren müssen. Wir brauchen deine Dienste nicht mehr.«

Steve saß wie gelähmt da. Linda fuhr fort: »Wir werden dich noch zwei Wochen lang beschäftigen und dir drei Monatsgehälter als Abfindung zahlen.«

»Ist das wirklich unumstößlich?«, fragte Steve. »Ich möchte mit Keith darüber sprechen. Vielleicht kann ich ihn vom Gegenteil überzeugen.«

Linda legte ihre Hand auf seine und sagte: »Wir wissen beide, dass er nicht umzustimmen ist, wenn er sich einmal festgelegt hat. Akzeptiere es einfach, Steve.«

Während der nächsten zwei Wochen pendelte Steve zur Arbeit wie seit dreißig Jahren, jedoch mit dem Wissen, dass es in wenigen Tagen vorbei sein würde. An seinem letzten Arbeitstag packte er seine Sachen ein, schaute sich noch einmal in seinem Büro um und wusste, dass er es nie wiedersehen würde. Zwei Wochen – so lange hatte sonst immer sein Urlaub gedauert. Jetzt waren in diesem Zeitraum seine drei Jahrzehnte Firmenzugehörigkeit abgewickelt worden.

Zum Glück praktizierte seine Frau Melissa seit vielen Jahren Affirmationen. Sie riet ihm, den Verlust zu akzeptieren, nicht aber seine diesbezüglichen negativen Glaubenssätze. Gemeinsam konzentrierten sie sich auf das Positive und verwendeten folgende Affirmationen:

Meine Talente und Fähigkeiten sind gefragt.

Alles ist gut.

Ich bin sicher und geborgen.

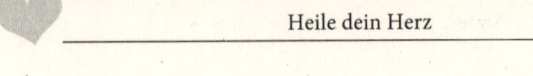

»Wir müssen darauf achten, was wir denken und sagen«, mahnte Melissa ihren Mann. »Das ist gar nicht so einfach, denn wir wurden beide von Eltern programmiert, die während der Wirtschaftskrise aufwuchsen und nach der Devise ›Sich zuerst Sorgen machen und erst später Fragen stellen‹ lebten.«

Gemeinsam schafften sie es nun, eine positive Denkweise aufrechtzuerhalten. Wenn wohlmeinende Freunde und Verwandte Steve bemitleideten und sagten, wie schlimm doch derzeit die Situation auf dem Arbeitsmarkt sei, erwiderte er freundlich, aber bestimmt: »Das sehen wir nicht so.«

Steve und Melissa akzeptierten den Verlust und betrauerten ihn angemessen, aber sie wiesen es entschieden zurück, an eine Welt der Armut und des Mangels zu glauben. Stattdessen affirmierten sie:

Das Universum ist unerschöpflich reich.

Steve ließ seine Trauer zu und stellte sich tapfer seinem Schmerz. So hielt er Angst und Panik im Zaum und öffnete sich für neue Möglichkeiten. Zwei Wochen nach seinem Ausscheiden aus der alten Firma erhielt er ein befristetes Arbeitsangebot bei einem renommierten Unternehmen, woraus schon bald eine neue Festanstellung wurde.

Bei einer Kündigung sagt man uns oft, es sei *nichts Persönliches*, was so zu verstehen ist, dass der Arbeitgeber nichts gegen uns persönlich hat. Aber für Sie als Mitarbeiter ist es absolut persönlich! Es ist sehr schmerzhaft, wenn wir geglaubt haben, unsere Arbeit sei für unseren Arbeitgeber von großem Wert, und man uns dann zu verstehen gibt, dass man künftig auch sehr gut ohne uns auskommt. Kein Wunder, dass Menschen, denen gekündigt wird, sich anschließend oft wertlos fühlen.

Wenn Sie merken, dass Sie den Umgang Ihres Arbeitgebers mit Ihnen durchaus persönlich nehmen, denken Sie daran, dass auch die Heilung Ihre ganz persönliche Sache ist. Sagen Sie sich:

Ich bin wertvoll.

Denken Sie daran, dass diese Aussage ausschließlich darauf beruht, was Sie sind, nicht, was Sie tun. Bedenken Sie auch:

Mein Wert als Mensch hängt nicht davon ab, welcher Arbeit ich nachgehe oder ob ich überhaupt Arbeit habe.

Akzeptanz – das heißt Frieden zu schließen mit der Realität beziehungsweise das, was geschehen ist, als real zu akzeptieren – ist nach einer Entlassung oft die schwierigste Herausforderung. Das, was geschehen ist, können Sie nicht ändern, aber Sie können es akzeptieren, den damit verbundenen Schmerz zulassen und auf positive, produktive Art mit der Situation umgehen.

Viele Menschen glauben, Akzeptanz bedeute, das, was geschehen ist, gutzuheißen und okay zu finden. Tatsächlich geht es aber darum, die Realität, dass Sie eine Verlusterfahrung machen mussten, anzuerkennen. Vom Stadium der Leugnung (»Das hätte einfach nicht passieren dürfen.«) sind Sie weitergegangen zum Stadium der Akzeptanz (»Es ist passiert.«).

In gewisser Weise ist der Verlust des Arbeitsplatzes wie ein plötzlicher Tod. Vielleicht fühlen Sie sich verraten oder betrogen. Ähnlich wie bei anderen Verlusten, mit denen wir uns beschäftigt haben, liegt der Schlüssel darin, aufmerksam auf Ihren inneren Dialog zu achten: *Ich bin jetzt ein Niemand. Ich bin wertlos. Ich bin kein nützliches Mitglied der Gesellschaft mehr.* Wenn Sie so etwas immer wieder denken, sollten Sie sich klarmachen, dass es sich dabei um negative Glaubenssätze handelt. Die Realität des Arbeitsplatzverlustes müssen Sie akzeptieren, nicht aber diese negativen Glaubenssätze. Werden Sie sich bewusst, dass alles, was geschieht, letztlich Ihrem höchsten Wohl dient.

Um in Kontakt mit diesen tieferen spirituellen Zusammenhängen zu gelangen, können Sie folgende Affirmation anwenden:

Alles entfaltet sich zu meinem höchsten Wohl.

Akzeptieren Sie Ihr authentisches Selbst

Wenn Sie Akzeptanz gegenüber äußeren Ereignissen und Umständen praktizieren wollen, müssen Sie auch nach innen schauen und bereit sein, Ihr authentisches Selbst zu akzeptieren. Öffnen Sie sich dafür, sich von ungesunden eigenen Idealen oder Wertvorstellungen zu befreien und von Erwartungen anderer, die Ihnen nicht dienlich sind.

Kenneth dachte darüber nach, wie er Liebe erlebte. Er glaubte, dass man letztlich immer verletzt und enttäuscht wird, wenn man einen anderen Menschen wirklich liebt. Er wusste, dass die meisten Menschen nie gelernt haben, wie man eine gesunde Liebesbeziehung erschafft. Für Schwule gilt das ganz besonders.

In der Vergangenheit war es Schwulen und Lesben kaum möglich, offen als Paar zu leben. Wenn Homosexuelle sich heute stolz zu ihrer sexuellen Orientierung bekennen und sagen, dass sie sich wohl in ihrer Haut fühlen, so ist das eine vergleichsweise junge Entwicklung. Früher war Diskriminierung der Normalfall, was einem gesunden, ganzheitlichen Verhältnis zur eigenen Sexualität im Weg stand.

Kenneth sagt dazu: »Ich trage einige Narben auf meiner Seele, denn ich war immer sehr unsicher, was meine eigene Identität anging, und ich schämte mich für meine Liebe zu Männern.«

Jahrelang versuchte Kenneth, der Sohn zu sein, den seine Eltern sich wünschten, doch er sehnte sich danach, sein authentisches Selbst zu entdecken.

Manche Homosexuelle haben es in dieser Hinsicht besonders schwer, weil ihre Familie und die Gesellschaft starken Druck auf sie ausüben. Oft ist den Betroffenen nicht bewusst, dass sie eine starke Trauer in sich tragen. Sie müssen dringend den Schmerz verarbeiten, den der Anpassungsdruck ihrer Umwelt bei ihnen verursachte.

Obwohl Kenneth sich alle Mühe gab, konnte er die Erwartungen seiner Eltern nicht erfüllen. Und weil es ihm an Vorbildern fehlte, die ihm Orientierung geben konnten, ließ er sich als junger Mann auf eine Reihe von Beziehungen ein, die unausgewogen waren. Seine Partner liebten ihn, doch er war unfähig, diese Liebe wirklich zu erwidern. Oder er selbst empfand tiefe Liebe, aber der Partner erwiderte diese Zuneigung nicht. Auch führte er viele Fernbeziehungen, und erst viel später erkannte er, dass auch sie ein Weg waren, wirklicher Nähe und der damit unvermeidlich einhergehenden Verletzlichkeit auszuweichen.

So fügte er sich selbst immer neue seelische Wunden zu. Als Kenneth die vierzig überschritt, unterzog er sich einer Psychotherapie. Während einer Sitzung empfand er großen Schmerz wegen Gerry, des Mannes, mit dem er gerade liiert war. Denn wieder einmal wurden seine eigenen Gefühle nicht wirklich erwidert. Die Therapeutin schlug vor, dass Kenneth seine Gefühle malen sollte.

Sie malen? Wie würde das denn wohl aussehen?, überlegte Kenneth. Er beschloss, sich für die Idee zu öffnen und es auszuprobieren. Als Erstes malte er sein Herz, das gebrochen war. Es gab Risse und Spalten in diesem Herzen, und an einer Stelle war ein ganzes Stück herausgebrochen. Kenneth weinte, als er all seinen Schmerz sah.

Als er das Bild seiner Therapeutin zeigte, zeigte sie auf einen der Risse und fragte: »Was hat es damit auf sich?« Sie forderte ihn auf, aufzuschreiben, wofür jeder dieser Risse stand, wer ihn verletzt hatte und wie es geschehen war.

Das war eine Übung, die ihm sehr unter die Haut ging, denn er sah ein trauriges, verletztes, erschöpftes Herz, das nicht genug Liebe bekommen hatte. »Ich brauche mehr Liebe«, sagte er.

Die Therapeutin wies ihn darauf hin, dass seine Probleme nicht nur, wie er glaubte, mit seinem Schwulsein zu tun hatten, sondern dass es eigentlich um seinen Mangel an Selbstliebe ging und um seine fehlende Bereitschaft, in einer Partnerschaft Verletzlichkeit zuzulassen. Diese Probleme hätten sich in einer heterosexuellen Partnerschaft genauso bemerkbar gemacht.

Im weiteren Verlauf der Therapie erlebte Kenneth, wie die Risse in seinem Herzen sich schon allein dadurch zu schließen begannen, dass er offen über seine Traurigkeit und seinen Schmerz sprach. »Ich heilte mein Herz, indem ich voller Mitgefühl diese früheren Erfahrungen anschaute und Wertschätzung für mich selbst entwickelte und für alles, was ich durchgemacht hatte.«

Je mehr er sprach und weinte, desto lebendiger und energievoller wurden die Bilder, die er von seinem Herzen malte. Die Spalten und Risse schlossen sich, und die Bilder wurden lebensbejahend. Kenneth fand Zugang zu jenem Ort, wo seine Seele lebt, und lernte, dass sein Herz sich unaufhörlich regenerieren kann. Diese Erkenntnisse bewirkten bei ihm eine tiefe Entspannung, und er bejahte:

In meinem wunderschönen, verwundeten, liebenden
Herzen wohnt meine Seele – unveränderlich und heil.

Kenneths Falschglaube, er werde niemals einen Partner finden, der ihn wirklich liebte, konnte heilen, als er seine Trauer zuließ und aufarbeitete. Er entdeckte, dass er in seinem Leben viele Menschen lieben kann und lieben wird. Also konnte er es sich leisten, sich intensiv der Beziehung zu sich selbst zu widmen. Er lernte, sich selbst so liebevoll zu behandeln wie der Partner, den er sich wünschte. Er verwendete folgende Affirmation:

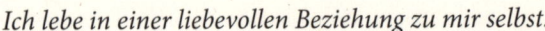

Ich lebe in einer liebevollen Beziehung zu mir selbst.

Er fand Sicherheit und Entspannung darin, eine gute Beziehung zu sich selbst aufzubauen. Er unternahm schöne Wanderungen, ließ sich massieren oder kaufte sich Blumen. »Ich wurde viel verständnisvoller und einfühlsamer«, erzählt er. »Ich lernte, dass ich erst dann einen liebevollen Partner finden würde, wenn ich anfing, mich selbst liebevoll zu behandeln.«

So lernte Kenneth schließlich Dan kennen und erlebt endlich eine Partnerschaft, wie er sie sich immer gewünscht hat. Bis zum heutigen Tag wiederholt er täglich seine Lieblingsaffirmationen:

Ich führe ein ausgewogenes Leben.

In meiner Partnerschaft gebe und empfange ich Liebe.

Heute ist Kenneth viel mutiger geworden, auch wenn es für ihn immer noch viel zu lernen gibt und manches alte Muster durchbrochen werden muss. Zum Beispiel sagte er gleich am Anfang ihrer Beziehung zu Dan: »Ich werde dir das Herz brechen.«

Irritiert fragte Dan: »Wie meinst du das?«

»Wenn zwei Menschen sich lieben«, antwortete Kenneth, »ist es unausweichlich, dass ihre Beziehung mit gebrochenen Herzen endet.«

»Eine solche Realität wähle ich nicht für mich«, erwiderte Dan. »Ich bin der festen Überzeugung, dass wir, wenn wir einander lieben, uns nicht gegenseitig das Herz brechen, sondern dass wir unsere Herzen *aufbrechen* werden. Die

Liebe wird die engen, verschlossenen Stellen in unseren Herzen aufbrechen.«

Mit dieser Antwort hatte Kenneth nicht gerechnet. So hatte er die Sache noch nie betrachtet. Ihm wurde klar, dass er immer noch negatives Denken praktizierte – diese Entdeckung gehörte zu den vielen Geschenken, die ihm in der Partnerschaft mit Dan zuteilwurden. Seine Sicht der Dinge wandelte sich, und in mancherlei Hinsicht wurden ihm die Augen geöffnet. Die Beziehung der beiden ist bis heute glücklich und erfüllt, und sie fahren fort, sich innerlich zu öffnen und ihre Herzen zu heilen.

Kenneths Probleme kreisten um seine Identität und mangelnde Selbstliebe, doch viele Menschen trauern um den Verlust der Person, die sie ihrer Meinung nach hätten sein müssen. Manche Männer trauern um den Sixpack-Bauch, den sie sich erfolglos herbeizutrainieren versuchten, und viele Frauen müssen sich von der idealen Bikinifigur verabschieden, die für sie unerreichbar ist. Andere wünschen sich, sie wären größer, kleiner oder hätten eine andere Hautfarbe. Letztlich müssen wir alle um das unerfüllbare »Wäre ich doch nur« trauern und lernen, dass wir nur glücklich werden können, wenn wir uns so akzeptieren, wie wir in Wirklichkeit sind.

Nehmen wir uns die Zeit, diese Art der Trauer näher zu untersuchen.

Die Trauer um das, was niemals war

Die meisten von uns trauern sehr bewusst um verstorbene Angehörige oder ein Haustier, das von uns gegangen ist – aber es gibt andere Formen der Trauer, und dazu zählt auch die Trauer um Lebensträume, die unerfüllt bleiben.

Hinter Dawn lag eine Menge Arbeit zur Heilung ihres Krebses. Zu dieser Reise gehörten schulmedizinische Behandlungsmethoden ebenso wie alternative.

In der Selbsthilfegruppe, die sie regelmäßig aufsuchte, berichtete sie, dass sie zwar endlich krebsfrei war, aber unter einer großen Traurigkeit litt. »Dass die Behandlung angeschlagen hat und der Krebs sich zurückgebildet hat, ist doch eigentlich eine gute Nachricht. Warum bin ich trotzdem traurig?«, fragte sie.

Während ihrer Heilungsarbeit hatte sie sich Zeit genommen, Schmerz zuzulassen und zu trauern. Welche Trauer war im Zusammenhang mit dem Krebs zu bearbeiten? Da gab es vielerlei Aspekte. Das vollkommen krebsfreie Leben, das sie sich gewünscht hatte, gab es nicht. Dawn musste der Traurigkeit über diesen Verlust Ausdruck verleihen. Diese Affirmationen konnten dabei helfen:

Ich erlaube es mir uneingeschränkt, traurig zu sein.

Alle Erfahrungen machen mich stärker.

Krebspatienten finden es oft hilfreich, wenn sie neben Heilungsaffirmationen auch Affirmationen anwenden, die sich mit der Trauer beschäftigen. Denn die Normalität, die sie früher kannten, ist für immer dahin. Aber sie können zu einer neuen Form der Normalität finden:

Ich ehre den Verlust des Lebens,
von dem ich dachte, dass ich es leben würde,
und ich öffne mich für das Leben,
das nun vor mir liegt.

Wie viele von uns hatte Dawn geglaubt, ihr Körper sei unbesiegbar und es würde ihr nie etwas Schlimmes zustoßen. Trotzdem war der Krebs zu ihr gekommen. Eine Affirmation für solche Situationen wäre:

Ich bin verantwortlich für meine Gesundheit,
aber mich trifft keine Schuld an meiner Krankheit.

Sie war wütend, weil sie geglaubt hatte, ihr Körper würde sie rechtzeitig warnen, wenn etwas nicht in Ordnung war. Als das nicht geschah, musste sie ihrem Körper vergeben, dass er sie »verraten« hatte:

Ich vergebe meinem Körper.

Ich liebe meinen Körper.

Ungesunde, unrealistische Ideale aufgeben

Trauer kann auch durch das Idealbild eines Traumpartners ausgelöst werden, den zu finden Sie gehofft hatten. Vielleicht waren Sie völlig darauf fixiert, Ihre Traumfrau oder Ihren Traummann zu finden, und eines Tages wachen Sie auf und stellen fest, dass Sie für diese Suche einen großen Teil Ihres Lebens vergeudet haben. Das kann zu Traurigkeit und Depression führen, ohne dass Ihnen die Ursache für diese Gefühle bewusst ist. Sie erkennen gar nicht, dass Ihre Depression eine Form der Trauer ist. Sie trauern um den Menschen, den Sie nie gefunden haben, und das Leben, das nie stattfand. Doch das Gute ist: Wenn Sie sich die Zeit nehmen, diesen Verlust wirklich zu fühlen und diese Trauer zuzulassen – vielleicht zum ersten Mal –, werden Sie frei, von nun an wirklich in der Gegenwart zu leben.

Deirdre nahm an einem Seminar zur Trauerheilung teil und berichtete: »Als mir schließlich klar wurde, was ich da fühlte, habe ich sehr geweint. Ich spürte eine große Traurigkeit, weil »Er« mir nie begegnet ist. Doch auf die Tränen folgte eine große Erleichterung, als ich erkannte, dass meine Suche vorbei war. Für den Rest meines Lebens würde ich mich endlich um mich kümmern.«

Ihren perfekten Partner werden Sie finden oder auch nicht, aber das spielt keine Rolle, denn Sie werden eine neue Freiheit darin entdecken, die Realität zu akzeptieren und Ihr eigenes Leben wirklich zu entfalten und zur Blüte zu bringen.

• • •

Ein anderer Verlust, eine andere Traurigkeit, um die Sie sich unbedingt kümmern sollten, resultiert aus unerfüllten Karrierewünschen. Vielleicht glaubten Sie, es wäre Ihnen bestimmt, eine berühmte Tänzerin zu werden, ein preisgekrönter Erfolgsautor oder ein Filmstar … aber daraus wurde nichts. Dennoch bleibt Ihnen nichts anderes übrig, als Ihr Schicksal zu akzeptieren und Ihr Leben wertzuschätzen. Sie können Ihre Zeit damit verbringen, verpassten Gelegenheiten nachzutrauern (und damit jeden Tag für schlechte Laune sorgen), oder Sie erkennen, dass auch Ihre berufliche Karriere nur eine Form Ihres authentischen Selbstausdrucks ist. Mit anderen Worten, Sie können tanzen – auch ohne großes Publikum. Sie können mit Freude schriftstellerisch tätig sein, selbst wenn Sie nur in Ihrer Freizeit bei einer lokalen Autorengruppe mitwirken. Und wenn die Schauspielerei Ihnen Spaß macht, gibt es genug Möglichkeiten, sich in dieser Richtung zu betätigen, auch wenn Sie nie einen Oscar gewinnen.

Wenn Sie im Kino einen Film anschauen und der Plot sich in eine unerwartete Richtung entwickelt, springen Sie ja schließlich nicht auf und schimpfen laut mit der Leinwand, weil Sie dort etwas sehen, das nicht Ihren Vorstellungen entspricht. So ist es auch mit unsichtbarer Trauer. Ihr Leben ist wie ein Film mit einem Plot, der sich unaufhörlich entfaltet und sich unserer Kontrolle entzieht. So, wie Sie nicht während eines Kinofilms aufstehen und schimpfend die Faust schütteln, sollten Sie auch nicht mitten in Ihrem Leben aufstehen und blind auf die Dinge schimpfen, die sich ereignen. Fühlen Sie sie, trauern Sie über die Verluste, die Sie erleiden, und fügen Sie der Mixtur kein negatives Denken hinzu. Sie werden entdecken, dass Trauer eine enorme Heilkraft hat und Sie in allen Ihren Verlusten auf wunderbare Weise tröstet.

• • •

So, wie es viele Arten von Bindungen gibt, gibt es auch viele unterschiedliche Formen des Verlustes. Wenn Sie den Verlust als real anerkennen, und nur dann, kann der Heilungsprozess beginnen.

In diesem Kapitel sind wir auf eine Vielfalt von offensichtlichen und weniger offensichtlichen Verlusten eingegangen, aber vielleicht fallen Ihnen noch andere Verluste ein, die bislang unerwähnt geblieben sind. Um welchen Verlust es sich auch handeln mag, stets sollten Sie ihn anerkennen und die daraus resultierenden Gefühle zulassen.

Alle meine Verluste bedürfen der Heilung.

Trauer wird alle meine Verluste heilen.

Ob es sich bei Ihrem Verlust um etwas handelt, das in der äußeren Welt geschah, oder um eine Ihrer Erwartungen an das Leben, die sich nicht so erfüllte, wie Sie es sich erträumten – Heilung ist immer möglich. Wenn Sie Ihren Schmerz wirklich fühlen und heilen und sich von Ihren vorgefassten Erwartungen lösen, erwartet Sie ein großes Geschenk: Zum ersten Mal werden Sie wirklich im gegenwärtigen Augenblick leben.

7

Heilung ist **immer** möglich

Dieses abschließende Kapitel soll daran erinnern, dass das Leben immer nach Heilung strebt. Wir alle tragen bislang unterentwickelte Wesensteile in uns, die sich danach sehnen, anerkannt und geheilt zu werden. Zum Vorschein kommen sie in Gestalt von Vorurteilen, Täuschungen, Trennungen oder einer der unzähligen anderen Herausforderungen, mit denen wir konfrontiert sind.

Für die Heilung ist nur Ihre Offenheit und Bereitschaft erforderlich, denn das Leben liebt Sie. Wenn Sie sich bei Verlusterfahrungen neuen Erkenntnissen und Einsichten nicht verschließen, sind Sie auf dem richtigen Weg. Wenn nicht, wird das Leben Sie unermüdlich mit den Lernerfahrungen konfrontieren, die Sie benötigen, um Heilung zu finden. Selbst wenn Sie diese Lektionen des Lebens als Bestrafung fehlinterpretieren, sind sie nur Teil der Lebenserfahrung.

Urteile und Bitterkeit aufgeben

Penny lebte seit drei Jahren in Hollywood und glaubte fest, dass sie dort Karriere machen würde. Sie stammte aus einer Kleinstadt in Iowa und war mit dreiundzwanzig

Jahren nach Kalifornien gegangen, um eine Schauspielaus-
bildung zu absolvieren. Sie hielt sich mit kleinen Rollenan-
geboten einigermaßen über Wasser und hoffte auf den großen Durchbruch.

Ihre Freundin Cindy verschaffte ihr einen Job bei einem
Cateringservice. Das war perfekt, denn wenn ein größeres
Rollenangebot winkte, war sie sofort verfügbar, und wenn
sie an einem Schauspielseminar teilnehmen wollte, konnte
sie sich ohne Probleme eine Woche freinehmen. Das Catering hatte für Cindy noch einen weiteren Vorteil: Sie gewann
interessante Einblicke in das Leben anderer Leute. Sogar
Filmstars gehörten zu den Catering-Kunden, und Penny
erzählte gern, wie sie und Cindy einmal das Catering bei
Elizabeth Taylor übernommen hatten und wie nett der Star
zu ihnen gewesen war. Penny beschloss, dass sie, wenn sie
später selbst berühmt war, genauso freundlich zu allen Leuten sein würde.

Das Catering brachte Penny außerdem in Kontakt mit
einigen Millionären und sogar Milliardären. Eines Abends
übernahmen Penny und Cindy das Catering für die Grossmans. Penny wusste nicht, wie diese Familie zu ihrem vielen
Geld gekommen war, aber dass die Schauspielerei oder andere künstlerische Talente dabei keine Rolle gespielt hatten,
war offensichtlich.

Im Wohnzimmer des Hauses gab es einen Wasserfall, der
groß genug war, dass ein Flugzeug darin hätte landen können, und die Schlafzimmer und Badezimmer waren kaum
zu zählen. Cindy sagte: »Allein die Kunstwerke, die hier
hängen, sind mehr wert als alles Geld, das wir beide im
ganzen Leben verdienen können.« Aber Penny fand diesen

protzigen Überfluss abstoßend. Während des ganzen Abends machte sie negative Bemerkungen und war froh, als der Job erledigt war.

Als Penny die Rolle einer Kellnerin in einer beliebten Sitcom erhielt, war sie außer sich vor Begeisterung. Ihre zwei Textzeilen (»Was möchten Sie zum Lunch essen?« Und: »Der Chefsalat sieht toll aus.«) übte sie tagelang. Sie probte eine ernsthafte Version, eine fröhliche und sogar eine mit Südstaatenakzent.

Man war sehr zufrieden mit Pennys Leistung, aber zwei Zeilen als Kellnerin ließen sich nicht wirklich als Schauspielkarriere bezeichnen. Während der folgenden zehn Jahre spielte sie die Nachbarin, die Verkäuferin, die Kellnerin und das Zimmermädchen. Das Catering sicherte ihr in dieser Zeit ein stabiles Einkommen. Cindy gab derweil Catering und Schauspielerei auf und wechselte in die Immobilienbranche, aber sie blieben gute Freundinnen.

Als Penny älter wurde, musste sie mit jungen Frauen um Rollen konkurrieren. Sie glaubte, durch mehr Busen ihre Chancen erhöhen zu können, und sparte für eine Brustvergrößerung. Sie ging zu einem Spezialisten, der ihr empfohlen worden war, und er untersuchte zunächst einmal ihre Brüste. Er sprach mit freundlicher, Vertrauen einflößender Stimme, die dann plötzlich ernst wurde.

»Wussten Sie, dass Sie einen Knoten in der Brust haben?«, fragte der Arzt. »Fühlen Sie selbst. Wie lange ist er denn schon da?«

Erstaunt spürte Penny, dass da wirklich etwas war. »Ich habe keine Ahnung«, sagte sie. »Ich weiß nicht, warum ich ihn nicht bemerkt habe.«

»Das macht diese Knoten so gefährlich – sie sind schwer zu entdecken.«

Als er ihr dringend riet, einen Onkologen aufzusuchen, sagte Penny, dass sie nicht krankenversichert war.

»Lassen Sie sich trotzdem einen Termin geben«, empfahl er ihr. »Sagen Sie ihnen, dass Sie nicht versichert sind. Es gibt viele Hilfsprogramme für Patienten, die sich eine Behandlung nicht leisten können.«

Penny erfuhr, dass an jedem Dienstag eine Sprechstunde in der Grossman-Klinik stattfand und dass es in diesem Krankenhaus zahlreiche Förderprogramme gab, die ihr bei der Übernahme der Kosten helfen würden. Das Untersuchungsergebnis war niederschmetternd. Penny hatte Krebs, und es musste eine Brustamputation durchgeführt werden. Zu ihrer Erleichterung erfuhr sie, dass alle Kosten von der Krebsstiftung übernommen wurden, die auch bereits für die Untersuchung aufgekommen war.

Auch wenn ihre Behandlung somit gesichert war, sank Penny in eine tiefe Depression, die für einige Zeit andauerte. Selbst als sie erfuhr, dass die Stiftung auch die Kosten für eine Brustrekonstruktion übernehmen würde, fand Penny keinen Weg aus ihrer Melancholie. Sie lernte, was auch viele andere Krebspatienten realisieren müssen: Das bisherige Leben ist vorbei, und die Trauer darüber muss zugelassen und geheilt werden. Man wird nie wieder ein krebsfreies Leben führen können.

Das neue Leben wird anders sein – es ist unerwartet und ungebeten gekommen, aber es kann dennoch ein wunderbares Leben sein.

Viele von uns vergessen, sich die Zeit zu nehmen, diese Art von Verlust wirklich zu betrauern. Für so manchen mag das der Verlust der Unschuld sein oder der Verlust ihrer Gesundheit. Für andere ist es die Erkenntnis, dass im Leben schlimme Dinge geschehen können und auch tatsächlich geschehen.

Wie viele andere Menschen lernte auch Penny, dass sie weiterleben würde, aber dass sie die erforderliche Trauerarbeit erledigen musste.

Einen Tag nach der Operation erhielt Penny Besuch von ihrer Yogalehrerin. Sie sagte: »Penny, du musst die Trauer über dein altes Leben wirklich fühlen und zulassen und dich dann für dein neues Leben öffnen, das vor dir liegt. Das kann für dich eine wichtige Zeit des Übergangs sein. Du solltest alle Bitterkeit, Vorurteile und ungesunden Gedanken hinter dir lassen. Versuche, dir selbst und anderen zu vergeben und dein neues Leben mit reinem Bewusstsein zu beginnen.«

»Soweit ich weiß, habe ich eigentlich keine Vorurteile oder Grollgefühle.«

Klug erwiderte die Yogalehrerin: »Das ist perfekt. Wenn du dem Universum sagst, dass du frei von Vorurteilen und bitteren Gefühlen bist, wird es diejenigen ans Licht bringen, die dir nicht bewusst sind. So wird Heilung möglich. Gut, dass du dazu bereit bist.«

Anschließend fragte sich Penny, ob sie möglicherweise unbewusste Vorurteile hegte und welche Lektionen es da für sie zu lernen gab. Am nächsten Tag holte Cindy sie im Krankenhaus ab und half ihr, sich wieder zu Hause einzurichten.

Während sie im Krankenzimmer die Sachen ihrer Freundin zusammenpackte, sagte sie: »Ist es nicht eine Ironie des Schicksals? Ausgerechnet die Grossmans – die du damals wegen ihres protzig zur Schau gestellten Reichtums so unsympathisch fandest – haben mit ihrem Geld die Krebsstiftung und dieses Krankenhaus gegründet, die dir nun das Leben retteten.«

Penny war verblüfft. Sie hatte die Milliardärsfamilie überhaupt nicht mit der Stiftung und dem Krebszentrum in Verbindung gebracht. »Du meine Güte, Cindy! Wie konnte ich blind dafür sein? Bei dem Catering damals war mir überhaupt nicht bewusst, dass sie Geld für gute Zwecke spenden und andere an ihrem Reichtum teilhaben lassen. Jetzt wird mir klar, dass ich zwar Filmstars alles durchgehen ließ, aber gegenüber anderen Reichen Vorurteile hegte.«

Das war wirklich ein Neuanfang für Penny, denn es traten noch mehr solcher unbewusster Vorurteile und Gefühle des Grolls zutage, die der Heilung bedurften.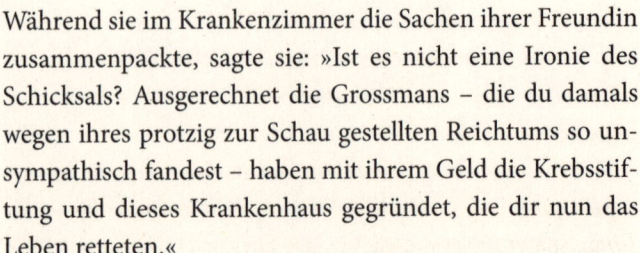

Oft vergessen wir, dass Trauer ein Weg ist, mit Veränderungen fertigzuwerden. Und Krankheit bedeutet immer Veränderung. Diese Affirmationen sind in solchen Situationen sehr wirkungsvoll:

Es gibt unsichtbares Gutes in der Welt.

Ich nehme alle Lektionen an, die das Leben für mich bereithält.

Nach einem Verlust neuen Lebenssinn finden

Wir haben uns bereits mit den fünf Phasen der Trauer beschäftigt, wie sie von Elisabeth Kübler-Ross definiert wurden: *Leugnung, Zorn, Verhandeln, Depression* und *Akzeptanz*. Später erkannte man, dass auf die Akzeptanz häufig noch eine sechste Phase folgt – die *Sinnfindung*. Wenn wir unseren Schmerz wirklich fühlen, gelangen wir während der Heilung oft dahin, dass wir einen tiefen Sinn in dem Erlebten finden.

Gail Bowdens Geschichte ist dafür ein gutes Beispiel. Ihr Sohn Branden wurde mit Spina bifida (auf Deutsch auch »offener Rücken«) geboren, Gail war jedoch fest entschlossen, ihm ein wunderbares Leben zu ermöglichen. Branden wuchs als ein sehr glückliches Kind auf. Er liebte die Farbe Gelb. Später entwickelte er eine große Vorliebe für VW Käfer und sammelte in großer Zahl Spielzeugmodelle dieses Autos.

Als Branden siebzehn Jahre alt war, kam Gail eines Tages in sein Zimmer und fand ihn bewusstlos vor. Er wurde sofort ins Krankenhaus gebracht. Die Ärzte hatten eine traurige Nachricht für Gail: Ihr Sohn würde nie wieder aufwachen. Gail fragte, ob das zweifelsfrei feststünde, was die Ärzte ihr bestätigten. Daraufhin bat sie die Krankenschwester um ein Blatt Papier und einen Stift. Gail schrieb: »Wenn es so weit ist, werden wir seine Organe spenden.« Die Schwester las es und schaute Gail an. Sie nahm Gails Hand und sagte ihr, dass sie diese Entscheidung jetzt noch nicht treffen müsse, aber Gail entgegnete: »Ich werde vielleicht niemals fähig sein, diese Worte laut auszusprechen, aber ich möchte, dass Sie es in die Wege leiten, wenn der Moment kommt.«

Gail dachte: *Ich kann einfach nicht glauben, was gerade geschieht, aber wenn sie sein Leben nicht retten können, dann möchte ich, dass Branden wenigstens andere Leben rettet.* Sie begleitete Branden in den OP, wo sie ihn extubierten (die künstliche Beatmung beendeten). Gail sang »Amazing Grace«, während sie miterlebte, wie sein Herz aufhörte zu schlagen.

Gail gab sich alle Mühe, mit dem Verlust fertigzuwerden. Sie bewahrte ihren Optimismus und schaute nach vorn. Einer von Brandens Freunden sagte zu ihr: »Wenn die Sonne hell scheint, weiß ich, dass Branden lächelnd zu uns hinunterschaut.«

Nach ein paar Jahren zog Gail mit ihrem zweiten Sohn, Bryan, der gerade seine Soldatenausbildung bei der Nationalgarde begonnen hatte, in eine andere Wohnung um. Während Gail Umzugskartons auspackte, klopfte es an der Tür. Ein Mann stand dort, der sich als Ken, der Anstreicher, vorstellte. Gail hatte für die nächste Woche eine Malerfirma beauftragt, die Wohnung gelb zu streichen.

»Sie kommen eine Woche zu früh«, sagte Gail.

»Ein anderer Auftrag hier in der Gegend wurde abgesagt, und der Chef hat mich stattdessen zu Ihnen geschickt«, erwiderte Ken.

»Na gut«, sagte Gail, »es ist noch gar nichts ausgepackt, und ich wollte eigentlich alles vernünftig sortieren, bevor Sie kommen. Aber nun sind Sie da und können auch gleich jetzt anfangen.«

Ken fing also an, die Wände zu streichen, während Gail fortfuhr, Kartons auszupacken. Ken fragte, ob sie allein lebe. Sie sagte: »Mein Sohn Bryan hat gerade mit dem Rekrutentraining bei der Air National Guard begonnen.«

»Haben Sie denn jemanden, der Ihnen Gesellschaft leistet, während er weg ist? Haben Sie noch andere Kinder?«

Das war immer wieder eine sehr schwierige Frage, weil sie es erforderlich machte, Brandens Geschichte zu erzählen. Manchmal wollte Gail das nicht und antwortete nur: »Nein, da sind nur Bryan und ich.« Diesmal traf die Frage sie unerwartet. Sie erstarrte für einen Moment und sagte dann nur: »Ich hatte noch einen Sohn, Branden. Er ist mit siebzehn Jahren gestorben.«

»Wie dumm von mir«, sagte Ken. »Ich rede immer viel zu viel. Entschuldigen Sie, dass ich gefragt habe.«

»Das ist schon in Ordnung«, sagte Gail, und Ken widmete sich wieder dem Anstreichen.

Nach ein paar Minuten sagte er: »Das mit Ihrem Sohn tut mir aufrichtig leid. Ich weiß, wie es ist, wenn man sehr krank ist. Vor vier Jahren war ich von der Dialyse abhängig und wäre fast gestorben, aber eine Nierentransplantation rettete mir das Leben.«

»Wann hatten Sie denn Ihre Transplantation?«

»2008 war das«, antwortete Ken.

»Wann denn in diesem Jahr?«

»Im Februar.«

»Welches Datum denn?«

»Es war der 13. Februar«, sagte er. »Ich werde den Tag nie vergessen.«

»Branden starb am 12. Februar.«

»Oh, es war nicht seine Niere«, sagte Ken rasch. »Mein Organspender war ein Einundzwanzigjähriger, der bei einem Autounfall starb.«

Nach einer Weile musste Gail etwas besorgen. Sie ließ Ken für kurze Zeit allein in der Wohnung zurück, wo er inzwischen die erste Wand fertig angestrichen hatte. Als sie zurückkam, fand sie ihn genau an der gleichen Stelle stehend vor, wo sie ihn verlassen hatte. Er hatte keinen einzigen neuen Pinselstrich gemacht.

»Stimmt etwas nicht?«, fragte Gail.

»Ich habe Sie angelogen.«

»Sie sind gar kein Anstreicher?«

»Nein, das nicht. Aber ich habe Brandens Niere.«

»Was?«

»Als Sie mir sagten, dass Ihr Sohn Branden hieß und Ihr Name Gail ist, wurde mir sofort klar, dass ich nach der Transplantation eine Nachricht von Ihnen erhalten hatte. Darin wurde mir mitgeteilt, dass ich Ihnen schreiben kann, wenn ich das möchte. Und ich schäme mich, dass ich es nie getan habe.«

Fassungslos griff Gail zum Telefon und rief bei dem Transplantationszentrum an. »Hier arbeitet gerade ein Anstreicher für mich, der mir sagt, dass er Brandens Niere hat. Können Sie das überprüfen?«, fragte sie den zuständigen Berater.

Der Berater sagte: »Das wäre ja ein wirklich unglaublicher Zufall! Wie heißt er denn?«

Gail fragte Ken nach seinem vollständigen Namen und nannte ihn dem Berater. Er schaute in den Akten nach, und es stellte sich heraus, dass Ken tatsächlich eine von Brandens Nieren erhalten hatte. Gail fing an zu weinen, und der Anstreicher sagte: »Es ist also wirklich wahr, dass ich seine Niere habe?«

Als sie Bryan am Telefon die Sache erzählte, sagte er: »Mama, ist das nicht, als wäre Branden nach Hause gekommen?«

Diese Geschichte ist ein großartiges Beispiel dafür, wie das Universum arbeitet. Wir glauben fest an die Affirmation *Das Leben liebt uns*, auch wenn Sie sich fragen mögen, wie das auch dann gelten kann, wenn uns ein schwerer Verlust trifft.

Aber es ist, wie wir bereits sagten: Wir alle erleiden Verluste. Das bleibt niemandem erspart – doch je nachdem, wie Sie über diese Verluste denken und mit ihnen umgehen, kann das Leben für Sie da sein und Sie selbst durch schwerste Zeiten sicher hindurchtragen.

Gail zum Beispiel akzeptierte die Tragödie, ihren Sohn zu verlieren, war sich aber gewiss, dass Branden weiterleben würde. Wie viele von uns glauben wirklich voller Überzeugung daran, dass geliebte Verstorbene auf einer anderen Ebene weiterleben? Wir sollten uns immer wieder ins Gedächtnis rufen, dass das Leben nicht sterben kann. Seelen sterben nicht. Und in Brandens Fall blieben sogar Teile seines physischen Körpers am Leben. Gail hatte dafür gesorgt, dass Branden weiterleben würde, indem er das Leben anderer rettete. Zwei Menschen können dank Branden wieder sehen, und bei acht Menschen hat sich durch von ihm gespendetes Körpergewebe die Beweglichkeit verbessert, und sie haben weniger Schmerzen. Das findet Gail besonders

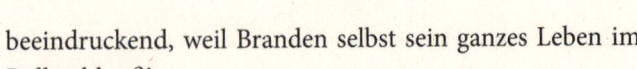
beeindruckend, weil Branden selbst sein ganzes Leben im Rollstuhl saß!

Als Gail später Kens Frau und Kinder kennenlernte, wurde ihr klar, wie furchtbar es für sie gewesen wäre, den Vater zu verlieren. Sie war dankbar, dieser Familie zu begegnen, die so viel durchgemacht hatte. Nicht nur war durch die Organspende Kens Leben gerettet worden, sondern auch für seine Frau und seine Kinder hatte sich das Leben auf wunderbare Weise zum Guten gewendet.

Vielleicht denken Sie jetzt: *Nun ja, Gail lebte vermutlich in einer Kleinstadt, und es war purer Zufall, dass Ken zu ihr kam, um ihre Wohnung zu streichen.* Aber bedenken Sie die Fakten: Gail hätte sich auch entscheiden können, die Wohnung selbst zu streichen, oder sie hätte eine andere Malerfirma beauftragen können. Dann wäre sie Ken nie begegnet. Oder der Anstreicher wäre zum verabredeten Termin gekommen. Dann wären längst alle Kartons ausgepackt gewesen, und Gail wäre vielleicht unterwegs gewesen und hätte gar keine Gelegenheit gehabt, mit ihm zu sprechen.

Vielleicht sagen Sie jetzt immer noch: *Okay, solche Verkettungen von Zufällen kommen eben ab und zu vor.*

Die Realität sieht aber so aus, dass Gail in Buffalo, New York, lebt und dass es in dieser Gegend 18.000 Malerfirmen gibt! Die Wahrscheinlichkeit, unter ihnen ausgerechnet die Firma auszuwählen, für die Ken arbeitet, liegt bei 0,008 Prozent. Das Leben kann uns auch nach tragischen Verlusten unerwartete Geschenke bringen, wenn wir dafür offen sind.

Dass Gail ihren Verlust akzeptierte, half ihr, ihre Trauer zu verarbeiten und einen tiefen Sinn in Brandens Leben und Tod zu finden. Ihre Heilungsreise hilft ihr, weiterhin ein positives Leben zu führen und das Andenken ihres Sohnes zu ehren.

• • •

Das Leben hat immer seinen Sinn. Es verläuft oft nicht so, wie wir es erwarten, besitzt aber seinen eigenen Rhythmus. Es ist reich an unerwarteten Wendungen, die uns häufig aus unserem inneren Frieden herausreißen. Das Leben bringt Veränderungen und Herausforderungen, von denen wir viele lieber vermeiden würden. Wenn Sie sich öffnen, den Schmerz dieser Veränderungen wirklich fühlen, den Verlust akzeptieren und die Trauer verarbeiten, werden Sie die Wahrheit über das Leben entdecken: *Was auch geschieht, Sie können Ihr Herz* immer *heilen!*

Nachwort

Wenn Menschen einen Verlust erleben, scheint es zunächst ein Widerspruch, darin einen Sinn oder irgendetwas Gutes finden zu wollen. Aber ob es sich um eine Trennung, eine Scheidung oder gar einen Todesfall handelt, es *gibt* einen tieferen Sinn hinter den Dingen. Entscheidend ist, wie Sie über das denken, was Sie erleben. Den Verlust ungeschehen zu machen, ist in der Regel unmöglich. Doch alles, was nach dem Verlust geschieht, wird durch Ihr Denken verändert.

Trauer ist eine Angelegenheit des Herzens und der Seele. Trauern Sie um Ihren Verlust, lassen Sie diese Gefühle zu, und nehmen Sie sich die dafür erforderliche Zeit. Wie sehr Sie aber unter dem Verlust leiden, entscheiden Sie selbst. Denken Sie daran, dass Sie mitten im Film in diese Welt kommen und sie mitten im Film wieder verlassen. Und das gilt auch für die Menschen, die Sie lieben. Aber die Liebe stirbt nie, und der Geist kennt keinen Verlust.

Da die Art und Weise, wie Sie Ihren Verlust erleben, von Ihrem Denken abhängt, können Sie sich ebenso gut dafür entscheiden, die Trauer auf sanfte und liebevolle Weise zu durchleben. Denken Sie daran, dass ein gebrochenes Herz ein offenes Herz ist.

Denken Sie hoffnungsvoll. Wählen Sie Ihre Gedanken weise. Seien Sie gut zu sich selbst, und sehen Sie den erlittenen Verlust im Licht der Liebe. Wenn Sie um einen geliebten Menschen trauern, sollten Sie sich daran erinnern, wie Sie diesen Menschen geliebt haben, als er noch lebte. Genauso

können Sie ihn auch in seiner Abwesenheit lieben. So werden Sie aus der Trauer zu neuem Frieden finden.

Jedes Ende ist ein Anfang. Wir möchten Sie dazu ermutigen, die Affirmationen und Ratschläge in diesem Buch nicht nur zu nutzen, wenn Sie gerade akut mit einem Verlust fertigwerden müssen, sondern auch in allen anderen Lebensaspekten. Achten Sie auf Ihr Denken und ändern Sie es in jenen Bereichen, in denen Sie sich unzufrieden und unausgeglichen fühlen. Dadurch bringen Sie mehr Glück in Ihr Leben und das der Menschen in Ihrer Umgebung.

Schwere Zeiten können uns daran erinnern, dass unsere Beziehungen zu anderen Menschen ein Geschenk sind. Verluste können uns daran erinnern, das Leben selbst als Geschenk zu betrachten.

Und vergessen Sie nicht, sich selbst zu lieben. Sie verdienen es, denn *Sie* sind ein Geschenk.

Ich liebe das Leben, und das Leben liebt mich.

Ich lebe und liebe.

Ich bin geheilt.

Danksagung

Wir danken von Herzen allen Männern und Frauen, die über die Jahre bei Vorträgen und Seminaren und durch unzählige E-Mails und Gespräche ihre Lebenserfahrungen mit uns teilten. Dadurch, dass sie uns an ihren Enttäuschungen, Verlusten und ihrer Trauer teilhaben ließen, haben sie es uns ermöglicht, anderen bei ihrem persönlichen Wachstum zu helfen, indem wir diese Erfahrungen an sie weitergeben.

Reid Tracy gebührt ein besonderer Dank für seine Mitwirkung bei der Entstehung dieses Buches. Danke an Shannon Littrell für das ausgezeichnete Lektorat. Und wir danken unseren Freunden und Kollegen bei Hay House dafür, dass sie mit bemerkenswerter Hingabe mithalfen, dieses Buch zu dem zu machen, was es ist.

Wie ein Mensch braucht auch ein Buch eine ganze Menge Unterstützung. Danke an Erin Malone bei WME. Danke an Andrea Cagan, Paul Denniston, Richard Kessler, David Kessler jr. und India Williamson.

Wahre Kraft kommt von innen

Ein Praxisbuch, in dem Louise Hay grundlegende Techniken vermittelt, um innere Blockaden zu beseitigen. Die Autorin weiß aus eigener Erfahrung, wie stark sich tief verwurzelte negative Glaubensmuster auf unsere Lebensfreude und Gesundheit auswirken. Erprobte Übungen, Affirmationen und Meditationen in diesem Buch helfen dabei, diese Muster zu erkennen, loszulassen und in positive Überzeugungen zu verwandeln. So öffnet sich die Fundgrube der inneren Schätze.

Louise Hay
Balance für Körper & Seele

Aus dem Amerikanischen von Thomas Görden
Taschenbuch
www.ullstein.de

ullstein

»Don Miguel Ruiz' Buch ist ein Wegweiser zu Erleuchtung und Freiheit.«

Deepak Chopra

Don Miguel Ruiz enthüllt in seinem zeitlosen Klassiker der spirituellen Literatur einen praktischen und leicht nachvollziehbaren Weg aus innerer Unfreiheit und Abhängigkeit zu einem von Wertschätzung und Würde erfüllten Leben. Die vier Versprechen sind einfache, aber kraftvolle Weisheiten der Tolteken, mit denen jeder seinen Traum von Freiheit, Freude und Liebe verwirklichen kann. Sie sind der Schlüssel zur inneren Transformation.

Don Miguel Ruiz
Die vier Versprechen
Ein Weg zur Freiheit und Würde

Aus dem Amerikanischen von Angelika Hansen
Taschenbuch
Auch als E-Book erhältlich
www.ullstein.de

ullstein

Öffne dein wahres Selbst!

Dieses Buch beginnt ganz einfach, und es beginnt mit dem Offensichtlichen: Wir alle sind nahezu unablässig von Gedanken erfüllt. Dieses pausenlose Denken macht die Welt aus, in der wir leben. Doch eigentlich sind wir mehr als das. Im Grunde sind wir frei, und uns steht eine unermessliche Energie zur Verfügung. Der Bestsellerautor Michael A. Singer führt den Leser Schritt für Schritt dazu, die eigene Wahrnehmung zu beobachten und sich dem anzunähern, was hinter dem Fühlen und Denken steht.

Michael A. Singer
Die Seele will frei sein
Eine Reise zu sich selbst

Aus dem Amerikanischen von Oliver Fehn
Taschenbuch
www.ullstein.de

ullstein